Patty McCord

EX-CHIEF TALENT OFFICER DA **NETFLIX**

POWERFUL

COMO CONSTRUIR UMA CULTURA CORPORATIVA DE LIBERDADE E RESPONSABILIDADE

Tradução
Sandra Martha Dolinsky

Benvirá

Título original: *Powerful: Building a Culture of Freedom and Responsibility*

Preparação Alyne Azuma
Revisão Vivian Matsushita
Diagramação 2 estúdio gráfico
Capa Deborah Mattos
Impressão e acabamento Vox Gráfica

Dados Internacionais de Catalogação na Publicação (CIP)
Angélica Ilacqua CRB-8/7057

McCord, Patty
Powerful : como construir uma cultura corporativa de liberdade e responsabilidade / Patty McCord ; tradução de Sandra Martha Dolinsky. – São Paulo : Benvirá, 2020.
200 p.

ISBN 978-85-5717-350-7

Título original: *Powerful: Building a Culture of Freedom and Responsibility*

1. Cultura organizacional 2. Desenvolvimento organizacional 3. Comportamento organizacional 4. Administração de pessoal 5. Motivação no trabalho I. Título II. Dolinsky, Sandra Martha.

CDD-658.3
19-2963 CDU-658.3

Índice para catálogo sistemático:
1. Cultura organizacional

1ª edição, março de 2020 | 2ª tiragem, março de 2021

Av. Paulista, 901, 3º andar
Bela Vista - São Paulo - SP - CEP: 01311-100

SAC: sac.sets@saraivaeducacao.com.br

CÓDIGO DA OBRA 701407 CL 670925 CAE 721427

A meu pai.
O primeiro verdadeiro líder que conheci.

Sumário

Introdução

Um novo jeito de trabalhar

Cultive a liberdade e a responsabilidade

Certo dia, durante uma reunião executiva na Netflix, percebemos de repente que em nove meses seríamos responsáveis pelo uso de um terço do tráfego de internet nos Estados Unidos. Nós já havíamos crescido cerca de 30% por trimestre durante três trimestres consecutivos. Naquela época, achávamos que um dia até poderíamos chegar ao tamanho da HBO, mas que isso ainda levaria alguns anos. Nosso diretor de produto fez um cálculo rápido sobre a quantidade de tráfego necessário em um ano se mantivéssemos a taxa de crescimento daquele momento. E então disse: "Seria um terço do tráfego de internet no país". Todos viramos para ele e disparamos em uníssono: "O QUÊ?". Perguntei: "Será que alguém aqui na empresa consegue garantir que vamos dar conta disso?". E ele respondeu, com a honestidade já esperada: "Não sei".

Durante os 14 anos que passei na equipe executiva da Netflix, sempre enfrentamos desafios de crescimento assustadores, às vezes existenciais, e em tecnologias e serviços em que fomos pioneiros. Não havia manual; nós tivemos que criá-lo. Desde o momento em que entrei na Netflix, quando a empresa mal havia sido lançada, a natureza do nosso negócio e o campo de concorrentes evoluíram de forma contínua e incrivelmente rápida. Nosso modelo de negócios, a tecnologia que impulsionava nossos serviços e as equipes de que necessitávamos para funcionar precisaram fazer mais que apenas manter o ritmo – nós tivemos que antecipar mudanças, criar estratégias e nos preparar de forma proativa para elas. Tivemos que contratar grandes talentos em novas áreas de especialização e reconfigurar nossas equipes com fluidez. Também tivemos que estar prontos para abandonar nossos planos a qualquer momento, admitir erros e seguir um novo rumo. A empresa sempre precisou se reinventar – primeiro, descobrindo como manter a prosperidade de nosso negócio de DVDs por correio enquanto, simultaneamente, nos dedicávamos a aprender a operar com streaming; depois, transferindo nossos sistemas para a nuvem; e, então, começando a desenvolver a própria programação.

Este não é um livro de memórias que aborda a construção da Netflix. É um guia sobre a construção de uma cultura de alta performance capaz de enfrentar os desafios do atual ritmo frenético de mudanças nos negócios, escrito para líderes de equipe de todos os níveis. A Netflix pode ser um exemplo particularmente forte, mas todas as empresas, de startups a gigantes corporativos, precisam saber como se adaptar da melhor forma possível. Precisam da capacidade de antecipar novas demandas do mercado e aproveitar oportunidades extraordinárias e novas tecnologias. Caso contrário, a concorrência inovará mais rápido. Agora que presto consultoria para empresas no mundo todo – desde grandes companhias, como a J. Walter Thompson, a recém-chegadas de crescimento acelerado, como a Warby Parker, a HubSpot e a indiana Hike Messenger, além de várias startups novatas –, vejo nitidamente o contexto mais amplo do desafio. É impressionante como os problemas fundamentais são similares – e urgentes. Todo mundo quer saber a mesma coisa: como reproduzir a mágica da Netflix? Mais especificamente, como criar para si o tipo de cultura ágil e de alta performance que tornou a Netflix tão bem-sucedida? O livro aborda justamente isto: como aproveitar as lições que aprendemos na Netflix e aplicar em sua própria equipe ou empresa os princípios e as práticas que desenvolvemos.

Será que fizemos tudo certo na Netflix? Longe disso. Tivemos muitos tropeços, alguns bastante públicos. E não descobrimos do nada como enfrentar nossos desafios; desenvolvemos um novo jeito de trabalhar por meio da adaptação gradual: experimentando coisas novas, cometendo erros, começando de novo e obtendo bons resultados. No fim das contas, criamos uma cultura única que apoia a adaptabilidade e a alta performance. Não posso dizer que é fácil enfrentar os desafios trazidos pelas rápidas mudanças. Mas a boa notícia é que descobrimos que inculcar uma série de comportamentos essenciais nas pessoas, dando-lhes a liberdade de praticá-los – bem, na verdade, exigindo que elas os pratiquem – faz com que as equipes se sintam surpreendentemente energizadas e se tornem proativas. Essas equipes são a melhor força motriz para levá-lo aonde você precisa ir.

Este livro está repleto de histórias sobre como enfrentamos desafios na Netflix, em parte para tornar a leitura mais dinâmica, mas também porque elas mostram como é possível implementar os métodos que desenvolvemos. Você verá que esta é uma obra pouco convencional – e espero que concorde que isso é apropriado para um livro que trata principalmente de desafiar as convenções. Um dos pilares da cultura da Netflix é a honestidade radical, coisa que amo desde que era pequena, quando vivia no Texas. Se você assistir a qualquer palestra minha on-line, verá que eu falo assim mesmo, livremente, e é o que faço aqui. Peço que leia este livro como se estivesse participando de um debate acalorado. Talvez se chateie com certas coisas que vou dizer e discorde delas. Mas espero que também meneie a cabeça enfaticamente ao concordar com outras. Como aprendi durante muitos debates intensos na Netflix, nada é mais divertido que uma luta-livre intelectual, e meu maior desejo é que a leitura deste livro seja divertida.

As pessoas têm poder; não tire isso delas

O primeiro passo para aplicar as práticas que vou apresentar é adotar uma mentalidade de gestão que vai contra a sabedoria convencional.

A lição fundamental que aprendemos na Netflix acerca do sucesso nos negócios hoje em dia é a seguinte: o elaborado e complicado sistema de gestão de pessoas que foi desenvolvido ao longo do século XX não está à altura dos desafios que as empresas enfrentam no século XXI. Reed Hastings e eu, bem como o restante da equipe administrativa, decidimos que, com o tempo, exploraríamos um jeito novo e radical de gerenciar as pessoas – um jeito que permitisse a elas exercer todo o seu poder.

Queríamos que todo o nosso pessoal nos desafiasse, e se desafiasse entre si, vigorosamente. Queríamos que falassem sobre ideias e problemas; que tivessem liberdade para discordar, na frente um do outro e na nossa frente. Não queríamos que ninguém, em nenhum nível, guardasse ideias e preocupações vitais para si. A equipe executiva serviu de modelo: nós nos tornamos acessíveis e incentivamos perguntas. Entramos em um debate aberto e intenso e comunicamos a todos os gestores que queríamos que fizessem o mesmo. Reed inclusive criou debates entre os membros da equipe executiva. Também falávamos de forma honesta e contínua sobre os desafios que a empresa estava enfrentando e como lidaríamos com eles. Queríamos que todos entendessem que a mudança seria uma constante e que faríamos todas as que julgássemos necessárias – em termos de planos e de funcionários – para avançar em alta velocidade. Queríamos que as pessoas percebessem a necessidade de mudanças e que ficassem entusiasmadas em conduzi-las. Já havíamos chegado à conclusão de que as empresas mais bem-sucedidas neste mundo de disrupções cada vez mais rápidas serão aquelas em que todos, em todas as equipes, entendem que tudo é imprevisível e tudo está mudando – e que isso é ótimo.

Para construir esse tipo de empresa, nossa ideia era criar uma cultura de excelência em trabalho em equipe e de soluções inovadoras de problemas. Queríamos que as pessoas ficassem empolgadas em ir trabalhar todos os dias, não apesar dos desafios, e sim por causa deles. Devo confessar que trabalhar na Netflix muitas vezes era algo extremamente intimidante. Algumas das decisões que tivemos de tomar foram como mergulhos radicais no desconhecido, e isso por vezes foi assustador, de verdade. Mas também foi emocionante.

A cultura da Netflix não foi construída por meio do desenvolvimento de um novo sistema elaborado para gerir pessoas; nós fizemos o oposto. Fomos eliminando políticas internas e procedimentos. Percebemos que a abordagem predominante para formação de equipes e gestão de pessoas é tão desatualizada quanto costumava ser a inovação de produtos antes que o ritmo acelerado de disrupções exigisse o desenvolvimento de métodos ágeis, enxutos e focados no cliente. Não que as empresas não estejam tentando todo tipo de coisa para gerir melhor; é que a maior parte do que fazem é irrelevante ou contraproducente.

A maioria das empresas adere ao sistema estabelecido de comando e controle, de tomada de decisões de cima para baixo, mas tenta aperfeiçoá-lo promovendo o "engajamento dos funcionários" e o "empoderamento" das pessoas. Prevalecem ideias convincentes, mas equivocadas, sobre as "melhores práticas": bônus vinculados a avaliações anuais de desempenho; grandes iniciativas de RH, como a febre recente por programas de aprendizagem continuada; comemorações para criar camaradagem e garantir que as pessoas se divirtam; e, para funcionários com dificuldades, planos de melhoria de performance. Tudo isso fomenta o empoderamento, e com isso vem o engajamento, o que leva à satisfação no trabalho e à felicidade dos funcionários, que por sua vez leva à alta performance, e assim por diante.

Eu também acreditava nisso antes. Comecei minha carreira em RH na Sun Microsystems e depois na Borland Software, implementando toda a gama de práticas convencionais. Negociava todos os tipos de bônus tentadores. Reunia minhas equipes religiosamente todo ano para a temida temporada de avaliação de desempenho e treinava os gestores no processo de melhoria de performance. Na época em que coordenava programas de diversidade na Sun, cheguei a gastar 100 mil dólares em uma festa de Cinco de Mayo [importante comemoração para a comunidade mexicana nos EUA]. Mas, com o tempo, fui vendo que todas essas políticas e esses sistemas eram enormemente onerosos, demorados e improdutivos. E o mais importante é que vi que tinham como premissa suposições falsas sobre os seres humanos: que a maioria das pessoas necessita ser incentivada para de fato se dedicar ao trabalho e que precisamos lhes dizer o que fazer. As "melhores práticas" que foram desenvolvidas com base nessas premissas são, ironicamente, o oposto de incentivadoras e empoderadoras.

Sim, é provável que funcionários engajados tenham um desempenho de qualidade superior, mas muitas vezes o engajamento é tratado como o objetivo final, em vez de se pensar no atendimento aos clientes e na obtenção de resultados. E as crenças padrão sobre como e por que as pessoas se engajam no trabalho não levam em consideração os verdadeiros motivadores da paixão pelo trabalho. Quanto ao empoderamento, eu simplesmente odeio essa palavra. A ideia é bem-intencionada, mas a verdade é que só existe tanta preocupação em empoderar as pessoas porque a maneira predominante de geri-las é tirando seu poder. Não era para ter sido assim, mas nós simplesmente superprocessamos tudo e, dessa forma, tolhemos as pessoas.

Depois de entrar no mundo mais informal das startups, acabei entendendo, de uma maneira nova e profunda, que as pessoas *têm* poder. O trabalho de uma empresa não é empoderar as pessoas, é fazê-las recordar que elas entram pela porta com poder e criar condições para exercitá-lo. Faça isso e você ficará surpreso com o ótimo trabalho que seus funcionários farão por você.

Gerencie as pessoas como gerencia a inovação

Ao apresentar os métodos de gestão alternativos que desenvolvemos na Netflix, vou desafiar todas as premissas básicas e atuais de gestão, ou seja, a criação de lealdade, a retenção, a progressão na carreira e a implementação de estruturas para garantir o engajamento e a felicidade dos funcionários. Nada disso é verdade. Nada disso é trabalho de gestão.

Eis aqui minha proposta radical: o trabalho de um líder corporativo é criar ótimas equipes que façam um trabalho excelente dentro do prazo. É isso. Esse é o trabalho de gestão.

Na Netflix, eliminamos praticamente todas as políticas e procedimentos inflexíveis. Mas não fizemos isso de uma vez só, e sim de maneira experimental, passo a passo, ao longo dos anos. Tratamos o desenvolvimento da cultura da mesma maneira como tratamos a inovação nos negócios. Entendo que uma transformação tão radical simplesmente não é viável para algumas empresas. E muitos líderes de equipe não têm liberdade para acabar com políticas e procedimentos. Mas toda empresa e todo gestor têm liberdade para instituir as práticas que utilizamos a fim de instilar a série de comportamentos essenciais que tornaram a cultura Netflix tão flexível.

A disciplina da liberdade e da responsabilidade

Abolir políticas internas e procedimentos e dar livre-arbítrio às pessoas não significa que a cultura organizacional tenha se tornado um vale-tudo. Ao acabar com a burocracia, treinamos todo nosso pessoal, em todos os níveis e em todas as equipes, para se disciplinar em uma série de comportamentos fundamentais. Costumo dizer que, embora tenha removido as palavras "política" e "procedimento" de meu vocabulário, eu adoro disciplina. Durante toda a minha carreira me dei bem com engenheiros, porque eles são muito, muito disciplinados. Quando os engenheiros começam a reclamar de um processo que você está tentando implementar, é melhor descobrir o que os está incomodando, porque eles odeiam burocracia sem sentido e processos estúpidos. Mas gostam de disciplina.

A coisa mais importante que você deve entender sobre a transformação de uma cultura, seja de uma equipe ou de uma empresa inteira, é que a questão não é apenas professar uma série de valores e princípios operacionais. Trata-se de identificar os comportamentos que você gostaria de ver se tornarem práticas consistentes e, então, incutir a disciplina de realmente *praticá-los*. Nós comunicamos, de forma total e consistente, a todos os funcionários da Netflix os comportamentos nos quais esperávamos disciplina da parte deles, e isso começou com a equipe executiva e todos os gestores. Estávamos tão preocupados que todos os funcionários entendessem nossa filosofia e os comportamentos que queríamos que executassem que Reed criou um documento de PowerPoint sobre isso, contendo contribuições minhas e de muitos outros membros da equipe de gestão. Esse documento ficou conhecido como o Netflix Culture Deck, ou Cultura Organizacional da Netflix. Talvez você já o tenha lido na internet.

Quando Reed o publicou na internet, vários anos atrás, ele não fazia ideia de que se tornaria viral, com mais de 15 milhões de visualizações até o momento. Nós não o criamos para ser divulgado; nós o criamos como um documento interno da empresa e o usamos para comunicar a cultura aos novos contratados e para garantir que fôssemos perfeitamente claros a respeito de como queríamos que operassem. Também deixamos claro que o documento não expunha só o que esperávamos deles, mas também o que eles deveriam esperar de nós. O Culture Deck não foi escrito de uma só vez, e não apenas por Reed e eu. Era um conjunto vivo de ideias – que respirava, crescia e mudava – ao qual chegamos enquanto construíamos nossa cultura, com a contribuição de líderes da empresa toda. A leitura desse documento seria um ótimo complemento para esta obra, e uma das razões pelas quais a escrevi é porque em minhas palestras e consultorias recebo muitas perguntas a respeito do Culture Deck e sobre como pôr em prática seus conceitos.

Pensei muito sobre isso e revi as lições que aprendemos a respeito de como incutir esses princípios e comportamentos nas equipes. Nem todas as práticas específicas implementadas na Netflix e descritas no Culture Deck se aplicam a todas as equipes ou empresas. Mesmo na Netflix, a cultura variava de um departamento para outro em muitos aspectos. A gestão do marketing, por exemplo, era bem diferente da gestão dos grupos de engenharia. Mas havia uma série comum de práticas que embasavam a cultura:

- Queríamos uma comunicação aberta, clara e constante sobre o trabalho a ser realizado e os desafios enfrentados, não apenas entre um gestor e sua equipe, mas na empresa como um todo.

- Queríamos que as pessoas praticassem a honestidade radical: falar a verdade entre si, e para nós, de maneira oportuna e de preferência cara a cara.
- Queríamos que as pessoas tivessem opiniões fortes, baseadas em fatos, e que as debatessem avidamente e as testassem com rigor.
- Queríamos que as pessoas baseassem suas ações no que fosse melhor para o cliente e a empresa, não na tentativa de provar que estavam certas.
- Queríamos que os gestores assumissem a liderança na preparação de suas equipes para o futuro, tendo sempre funcionários de alta performance e com as habilidades certas para cada cargo.

Pedimos a todos os gestores, começando pelo topo – nossa equipe executiva –, que dessem o exemplo e praticassem esses comportamentos. Ao fazer isso, eles mostrariam a toda a equipe como os incorporar também.

A perspectiva de conseguir que as equipes operem de acordo com esses requisitos pode parecer assustadora. Conversei com alguns funcionários da Netflix enquanto trabalhava neste livro, e não foram poucos os que comentaram se sentir relutantes em relação a uma ou outra prática, como dar um feedback totalmente honesto às pessoas cara a cara. Mas eles também recordaram que, conforme se esforçaram para seguir em frente, viram como as pessoas reagiram bem e como o desempenho da equipe melhorou consideravelmente. O segredo é agir de forma gradual; começar com pequenos passos e ir construindo.

Escolha uma prática que você considere particularmente adequada para as questões de sua equipe e de seu negócio e comece por aí. Para equipes de liderança, comece com um departamento ou grupo que você considere o mais adequado ou que tenha mais necessidade de mudança.

Criar uma cultura é um processo evolutivo. Pense nisso como uma jornada de descoberta experimental. Foi assim que pensamos ao construir a cultura da Netflix. Não importa com qual passo você comece; o importante é começar. Diante do ritmo das mudanças nos negócios hoje, a hora é agora.

1

A maior motivação é contribuir para o sucesso

Trate as pessoas como adultos

As boas equipes são aquelas em que cada membro sabe aonde está indo e faria qualquer coisa para chegar lá. As boas equipes não são criadas com incentivos, procedimentos e benefícios. São criadas por meio da contratação de pessoas talentosas, que são adultas e não querem nada além de enfrentar um desafio, e por meio da explicação clara e contínua sobre qual é esse desafio.

Hoje, a filosofia predominante da gestão é que se você deseja obter grande produtividade dos funcionários, primeiro deve motivá-los com incentivos e depois deixar claro que está de olho neles para que continuem sendo responsáveis. Muitas empresas têm objetivos do departamento, objetivos da equipe, objetivos individuais e um processo formal de avaliação de desempenho anual para medir a performance em relação a tais metas. Essa estrutura, essa cascata, é bastante lógica, bem razoável, mas não é nem um pouco adequada. Dizer aos funcionários: "Se você fizer X, será recompensado com Y" pressupõe um sistema estático. Mas nenhum negócio é estático hoje em dia. E, fundamentalmente, embora as recompensas sejam ótimas, não há recompensa melhor que fazer uma contribuição significativa para lidar com um desafio.

Sou uma grande fã de objetivos. Não poderia ser mais fã disso. Mas é a abordagem utilizada para alcançá-los que está errada. Em geral, os prazos estabelecidos e a complexidade da estrutura criada para liderar equipes e monitorar os resultados dificultam que as metas sejam alcançadas.

Boas equipes adoram um desafio

Quando presto consultoria para startups, fico mais empolgada em trabalhar com aquelas que descobriram que o capital de risco está começando a secar e estão enfrentando desafios difíceis de verdade. As boas equipes surgem justamente quando é preciso enfrentar grandes desafios, quando as coisas estão duras. As boas equipes se formam quando você precisa ir fundo. Quando vou contratar, procuro alguém que fique empolgado de fato com os problemas que precisamos resolver. Quero que a pessoa acorde de manhã pensando: *Meu Deus, isso é difícil. Quero encarar essa!* Ter um grande problema para enfrentar e os colegas certos para isso é o melhor incentivo de todos. Um de meus mantras é: "Pessoas que identificam problemas são fáceis de encontrar". A maioria das pessoas acha que esse é um papel importante dentro de uma empresa: *Fui eu que encontrei esse problema!* Certo, que bom, mas você o resolveu? O que eu quero são pessoas que adorem resolver problemas.

Neil Blumenthal e Dave Gilboa, cofundadores da ótica Warby Parker, me disseram que está sendo especialmente divertido construir a empresa agora porque está ficando muito complicado lançar lojas físicas. Eles precisam integrar a experiência das lojas físicas com a do serviço on-line, e isso é um verdadeiro desafio. Não é de admirar que a marca seja tão bem-sucedida. Alguns líderes podem optar por relaxar no conforto do crescimento já alcançado, mas os da Warby Parker ficam empolgados em enfrentar problemas ainda mais difíceis.

Pergunte a qualquer pessoa muito bem-sucedida quais são as lembranças favoritas de sua carreira, e elas inevitavelmente falarão de um período inicial de luta, ou de algum desafio bastante difícil que precisaram superar. Tive uma ótima conversa sobre isso com Tom Willerer, ex-vice-presidente de inovação de produtos da Netflix. Ele foi trabalhar como diretor de produtos no Coursera, o inovador provedor de educação on-line. Quando lhe perguntei do que ele mais gostava no processo de construir a empresa, seus olhos brilharam, e ele começou a contar a história de uma façanha aparentemente impossível que sua equipe tinha conseguido realizar. No início do ano fiscal, a equipe executiva tinha determinado que a empresa dobraria sua receita até o fim do ano. Ele e a equipe de produtos decidiram que atingiriam a meta lançando 50 novos cursos até setembro, o que ele descreveu como uma tentativa desesperada de sucesso. Duas semanas antes da data de lançamento dos novos cursos, eles ainda não tinham certeza de que conseguiriam realizar a façanha. Mas conseguiram, e a estratégia funcionou lindamente. Eles registraram um aumento vertiginoso na receita. Tom me contou que, devido ao seu "desejo de escalar uma montanha", ele havia entrado em uma empresa que não sabia ao certo se existiria dali a cinco anos. Ele disse: "Às vezes, sinto que vou perder um membro fazendo isso, mas vai valer a pena, porque estou fazendo uma coisa importante e acrescentando algo ao mundo, e é isso que move as pessoas". Eu não poderia concordar mais com ele. Acredito que é dessa maneira que a maioria das pessoas deseja fervorosamente se sentir em relação ao trabalho.

A perspectiva de ajudar a criar uma empresa que proporcionasse aos funcionários essa oportunidade foi a razão pela qual entrei na Netflix, apesar de acreditar que não iria para outra startup.

Quando, em 1997, recebi uma ligação às duas da madrugada, imaginei que fosse Reed Hastings. Ninguém mais me ligava a essa hora.

Ele disse: "Você estava dormindo?". E eu respondi: "Claro que estava. Eu sou normal! O que foi?".

Reed não é o tipo de pessoa que deixa o sono atrapalhar uma boa ideia, e já havia compartilhado comigo muitas delas tarde da noite, quando eu trabalhava com ele na Pure Software, sua startup. Depois que vendeu a Pure, ele voltou a estudar, e eu comecei a prestar consultoria. Nós dois morávamos na mesma cidade e éramos próximos.

Ele disse que ia para a Netflix.

"Parece uma boa mudança de carreira. Mas por que você está me contando isso às duas da manhã?", questionei eu.

Foi então que ele me perguntou se eu queria ir junto.

"De jeito nenhum", respondi Eu tinha me divertido bastante na Pure, mas não aguentava mais os loucos altos e baixos e os horários absurdos. Também não via de que forma uma pequena empresa que alugava DVDs pelo correio poderia ser bem-sucedida. É sério isso? A Netflix ia tirar a Blockbuster do mercado?!

Mas Reed disse: "Não seria ótimo se criássemos uma empresa na qual realmente quiséssemos trabalhar?".

Foi então que fiquei intrigada. Na Pure, eu havia entrado depois que o modelo já estava criado. Mas a oportunidade de participar da invenção desta vez era tentadora.

"Se fizéssemos isso", perguntei, "como você saberia que deu certo?"

"Ah, eu ia querer ir trabalhar todos os dias e resolver *aqueles* problemas com *aquelas* pessoas", respondeu ele.

Adorei o espírito da coisa. Acho que Reed expressou nessa frase exatamente o que as pessoas mais querem do trabalho: poder trabalhar com a equipe certa – colegas em quem confiam e que admiram – e se concentrar loucamente em fazer um ótimo trabalho juntos.

Políticas e estrutura não podem prever necessidades e oportunidades

Ao observarmos as empresas de maior sucesso da última década, vemos que muitas delas são empresas de internet, com equipes que trabalham de maneira muito colaborativa e orgânica. O que quero dizer com orgânica? Quero dizer que seus objetivos e a maneira como alocam tempo e recursos, bem como os problemas sobre os quais se debruçam e as abordagens que usam para resolvê-los, estão constantemente se adaptando às demandas dos negócios e do cliente. São equipes que estão crescendo, são organismos em mudança. Não são estruturas rígidas amarradas por normas predeterminadas a respeito de objetivos, equipe ou orçamento.

Antes da Netflix, eu trabalhava para Reed na Pure Software, que foi meu primeiro trabalho em startups; foi como se eu tivesse morrido e ido para o céu. Eu adorava a alta energia e o intenso foco na inovação. Como diretora de RH, ainda introduzi políticas e procedimentos, mas comecei a duvidar da sabedoria convencional. Como a empresa era muito menor que as outras em que eu havia trabalhado, comecei a aprender mais sobre os detalhes do negócio e pude conhecer mais funcionários. Ao me familiarizar com os engenheiros de software, em particular, e observar como eles trabalhavam, percebi que é um equívoco pensar que mais pessoas produzem coisas melhores. Com nossos times na Pure e em todo o Vale do Silício, pude ver o poder das equipes pequenas e desimpedidas.

A abordagem típica para o crescimento dos negócios é acrescentar mais pessoas e estrutura e impor mais metas e restrições orçamentárias. Mas minha experiência em bem-sucedidas empresas de rápido crescimento me mostrou que os processos mais enxutos possíveis e uma forte cultura de disciplina são muito superiores, sobretudo em razão de sua velocidade.

Posteriormente, na Netflix, tivemos uma impressionante constatação disso depois de um grande e doloroso processo de demissão em massa. Em 2001, foi necessário demitir um terço dos funcionários. A bolha das pontocom havia explodido, a economia tinha quebrado junto e estávamos à beira da falência. Foi brutal. Então, naquele Natal, o custo dos aparelhos de DVD caiu, eles se tornaram um ótimo presente, e os negócios decolaram. Passamos a ter que fazer o dobro do trabalho com dois terços do pessoal. Não podíamos contratar ninguém, exceto gente para colocar os DVDs nos envelopes. Estávamos com tantos clientes novos que não tínhamos estoque suficiente, e foi necessário aplicar cada centavo de lucro na compra de mais produtos. No entanto, todo mundo estava muito mais feliz. Um dia, peguei carona com Reed para o trabalho e comentei com ele: "Por que é tão divertido? Mal posso esperar para chegar ao trabalho. À noite, não quero ir para casa. Estamos trabalhando demais, mas é ótimo. O que é que estamos fazendo?". "Vamos descobrir", respondeu ele.

Nossa primeira grande constatação foi que as pessoas que ficaram tinham o melhor desempenho, e isso nos ensinou que a melhor coisa que se pode fazer pelos funcionários é contratar apenas gente de alta performance para trabalhar ao lado deles. É um benefício muito melhor que o pebolim ou o sushi grátis, até mesmo que um grande bônus ou o Santo Graal das opções de ações. Excelentes colegas, um objetivo claro e entregas bem compreendidas: essa é a combinação mais poderosa.

Quando eu vi a luz

À medida que a empresa crescia rapidamente, Reed, eu e a equipe executiva estávamos determinados a descobrir como manter o espírito criativo e o extraordinário nível de performance que nossas equipes demonstravam. Precisávamos começar a contratar *depressa*, e queríamos manter aquela densidade de talentos excepcionalmente alta – ou seja, o alto quociente dos funcionários de melhor performance que haviam nos acompanhado com tanta habilidade durante a crise. Começamos a estudar sistematicamente como poderíamos libertar as pessoas para que dessem o melhor de si, além de fornecer a quantidade certa de orientação e feedback para manter as equipes no caminho certo, mas capazes de mudar drasticamente o curso caso fosse necessário.

Foi nesse momento que entendi, de uma forma muito mais profunda, a força motriz da inovação de alta performance. Pela primeira vez em minha carreira, como membro da equipe executiva, eu estava diretamente envolvida no desenvolvimento do produto. O produto não era um software altamente técnico e complexo, como na Pure. Éramos uma empresa de entretenimento, e eu era uma grande fã de filmes. Também era, como sempre gostei de dizer para provocar os engenheiros, *normal*. Eu era o cliente. Fiquei fascinada com a forma como desenvolvíamos o produto. Éramos grandes fãs de testes A/B, experimentações rigorosas e debates abertos sobre o que era certo para o produto. Em desenvolvimento de produtos, quando algo não funciona, você se livra dele. E percebi que poderíamos aplicar o mesmo princípio à gestão de pessoas.

Entendi que, nas equipes grandes, uma das razões que prejudicam a capacidade de inovar e de se mover com rapidez é o fato de as empresas construírem uma infraestrutura para gerenciá-las melhor e assegurar que as pessoas estejam fazendo a coisa certa. Mas as equipes que fazem grandes coisas já sabem o que precisam alcançar; não precisam de procedimentos elaborados e, sem dúvida, não precisam de incentivos. A maioria dos tecnólogos dirá que uma equipe pequena de engenheiros brilhantes faz um trabalho melhor que uma equipe grande de gente que trabalha duro. Comecei a pensar: mas por que isso só funcionaria para engenheiros? Será que é porque são tão especiais e inteligentes? Naquela época, por mais que eu adorasse engenheiros, estava cansada de vê-los sendo tratados como pessoas especiais e inteligentes. Na minha opinião, pessoas de todas as funções adorariam simplesmente ser livres para realizar projetos da maneira que acham que vão gerar os melhores resultados no menor tempo possível. Mas muitas vezes são prejudicadas pelos gestores, que ficam questionando tudo, ou por sistemas ineficientes. Eu me perguntava: e se o pessoal do marketing, do financeiro, e meu próprio grupo, de recursos humanos, pudessem liberar todos os próprios poderes? Eles operariam como equipes de engenharia de alta performance. Foi nesse momento que deixei para trás o RH tradicional e assumi um novo papel como COO da cultura e diretora de gestão de produtos em relação aos funcionários.

Comecei a examinar nossa estrutura e nosso design organizacional. Àquela altura, havíamos criado departamentos, e Reed e eu tínhamos concordado em manter a gestão deles o mais horizontal possível, porque isso nos trazia muita velocidade. Depois que tivemos de demitir muitos gestores de nível médio, percebemos que todos se moviam muito mais depressa sem tantas camadas de opiniões e aprovações. Então decidimos que talvez as pessoas pudessem se mover ainda mais depressa e fazer mais se começássemos a acabar com políticas e procedimentos. Analisamos todos os truísmos e todas as melhores práticas, assim como fazíamos com o produto. Quando Reed propunha um corte, aquilo me parecia tão louco que eu precisava pensar a respeito. Mas, conforme íamos experimentando as coisas, continuávamos obtendo bons resultados. Tomemos como exemplo nossa política de não ter política de férias, que foi muito divulgada na mídia. Os funcionários podiam tirar o tempo de folga que considerassem apropriado, discutindo o que necessitassem com seus gestores. Sabe o que aconteceu? As pessoas tiravam uma ou duas semanas no meio do ano, um período para as festas de fim do ano e alguns dias aqui e ali para assistir a apresentações de seus filhos na escola, como antes. Confiar na responsabilidade das pessoas para administrar o próprio tempo foi um dos primeiros passos para lhes devolver seu poder.

Descobri que adorava me livrar de convenções. Um dos meus dias favoritos foi quando me coloquei diante de todos e disse: "Vou acabar com nossa política de despesas e de viagens, e quero que vocês usem o bom senso ao gastar o dinheiro da empresa. Se essa estratégia se revelar um desastre, como dizem os advogados, vamos voltar ao sistema antigo". Mais uma vez, vimos que as pessoas não abusavam da liberdade. Vimos que podíamos tratá-las como adultos, e que elas adoravam isso.

Comecei a desafiar as convenções em relação às contratações também. Com a empresa crescendo loucamente, e a natureza dos negócios mudando com tanta rapidez – podíamos ver o streaming se aproximando com força –, sabíamos que precisávamos construir uma organização que tivesse sempre um poderoso fluxo de talentos. Na época, quando eu tinha que contratar um gestor, eles em geral queriam trabalhar com seu headhunter favorito, e eu sabia que era importante mudar isso. Precisávamos ser mais estratégicos. Eu poderia ter tentado fazer com que os cinco melhores headhunters do Vale do Silício trabalhassem exclusivamente para mim, mas decidi abandonar a prática tradicional de recrutamento e criar uma empresa de caça-talentos dentro da Netflix. Em vez de contratar pessoas que tinham trabalhado internamente em outras empresas, comecei a contratar pessoas que tinham trabalhado para headhunters, a fim de desenvolver essa capacidade dentro da Netflix. Tendo essa competência, eu poderia dizer a um gestor: "Tudo bem se você perder alguns funcionários, porque podemos arranjar outros novos e ótimos para você, rapidinho".

Também desafiamos as práticas convencionais de elaboração de estratégias, tanto da empresa quanto de equipes. Estávamos criando um roteiro anual e elaborando o orçamento do ano, mas esses processos tomavam muito tempo, e o esforço não valia a pena, porque estávamos sempre errados. Na verdade, estávamos inventando. Quaisquer que fossem nossas projeções, sabíamos que estariam erradas em seis meses, quando não em três. Então, paramos de fazer o planejamento anual. Todo o tempo que economizamos nos deu mais espaço para o planejamento trimestral e, em seguida, passamos a fazer orçamentos de três trimestres, porque isso era o mais longe que achávamos que conseguiríamos prever, diante das circunstâncias.

Testamos todas as maneiras possíveis de liberar as equipes de regras e aprovações desnecessárias. Enquanto analisávamos metodicamente o que estava dando certo e como poderíamos continuar libertando as pessoas para serem mais criativas, produtivas e felizes, passamos a nos referir ao nosso novo jeito de trabalhar como "cultura de liberdade e responsabilidade". Trabalhamos durante anos para desenvolvê-la – e ela continua evoluindo. Vou descrever os demais componentes dessa cultura nos próximos capítulos. Todos foram construídos com base na constatação de que o trabalho mais importante da gestão é se concentrar intensamente na construção de grandes equipes. Se você contratar as pessoas talentosas de que precisa e lhes fornecer as ferramentas e informações necessárias para levá-las aonde precisa que cheguem, elas simplesmente vão querer fazer um excelente trabalho para você e manter a empresa ágil.

A prova mais recente do poder dessa abordagem é a velocidade com que a Netflix expandiu sua programação original e, ao mesmo tempo, alcançou sucesso popular e de crítica. Ted Sarandos, diretor de conteúdo desde os primeiros dias, me disse que liberar de restrições pessoas de alta performance foi vital para construir tão depressa a área de conteúdo original. A equipe duplicava a criação de novos conteúdos a cada ano e, quando conversamos, estavam produzindo 30 séries roteirizadas, além de ter 12 longas-metragens, 55 projetos de documentários, 51 programas de comédia stand-up e 45 programas infantis em elaboração. Para completar, tinham acabado de se tornar globais, expandindo para 13 países ao mesmo tempo. O incrível não é só a velocidade com que a equipe desenvolveu tanto conteúdo, mas também a diversidade desse conteúdo. O grupo de Ted foi capaz de atender a todos os tipos de gostos, com ofertas que vão desde séries eruditas, como *The Crown*, até *Fuller House*, que agrada ao público mas não foi tão bem recebida pela crítica. A equipe até entrou na briga por séries não roteirizadas, como *Ultimate Beastmaster*, uma competição com participantes de seis países diferentes, cada um falando seu próprio idioma.

Ted conta que sua abordagem principal é pedir que a equipe se concentre em encontrar o melhor talento criativo com as habilidades necessárias para executar, e então que dê a esses criadores liberdade para concretizar suas ideias. Segundo ele, esse é o maior diferencial da Netflix em relação aos estúdios de Hollywood, ou seja, permitir que a equipe dispute de maneira eficaz os melhores talentos criativos e lance programas inovadores. Os criadores de conteúdo adoram o fato de Ted não ficar supervisionando o processo de produção, atrapalhando com comentários. O grupo de Ted também não usa o sistema tradicional de piloto, e tem sinal verde para produzir uma temporada completa. Eles confiam nas pessoas que provaram ser capazes de produzir, e, junto com a liberdade que recebem, está o entendimento de que são elas as responsáveis pela qualidade dos programas. Elas estão ali para isso. Em contraste, o jeito tradicional de Hollywood é a criação por meio de um comitê, em que a responsabilidade é mais dispersa.

Ted me disse que o fato de estar imerso na cultura da Netflix também lhe permitia ficar à vontade para libertar sua equipe das restrições que ela poderia impor a si mesma. Por exemplo, eles romperam com o próprio modelo de introdução de novos programas já na terceira série original. Como não estavam usando o modelo de programa piloto, naquela época lançavam apenas séries que já tivessem roteiros muito bem desenvolvidos e talentos alinhados. Mas, então, Jenji Kohan, criadora da série *Weeds*, da Showtime, propôs *Orange Is the New Black* antes de qualquer roteiro ser escrito. Ted e sua equipe ficaram tão impressionados com a visão dela para a série – e tinham tanta confiança nela, com base em seu histórico com *Weeds* – que sagazmente descartaram as velhas regras.

***

Pergunte a si mesmo: se você tratasse a gestão de pessoas da mesma forma que trata a gestão de produtos, também não gostaria de abordar o sistema todo de um jeito diferente? Se você começasse não com as melhores práticas, e sim com o que é necessário para oferecer um produto final fabuloso para seus clientes, que sistema inventaria? Não gostaria que sua equipe fosse mais ágil? Não gostaria de poder confiar na proatividade dos funcionários e sair na dianteira, porque eles sabem que precisam ajudar você a conduzir os rumos da empresa? Não preferiria dedicar toda a sua atenção e o seu tempo para garantir que eles tivessem os recursos e as informações necessários a fim de fazer isso para você, e para discutir os desafios com eles e obter suas melhores informações e respostas, em vez de processar formulários e aprovações e monitorar tudo de perto?

Não estou dizendo que as equipes não precisam de orientação e treinamento. Precisam, sim. Mas o jeito como recebem orientação e feedback em geral está longe de ser o ideal. Ao mesmo tempo que estávamos testando a eliminação de processos na Netflix, também estávamos testando maneiras melhores de comunicar aonde a empresa estava indo, quais objetivos ela queria buscar e como as pessoas estavam se saindo.

Em resumo

- As maiores realizações das equipes são conduzidas por todos os integrantes, que entendem o objetivo final e são livres para resolver problemas de forma criativa.
- O que mais motiva um funcionário é poder trabalhar com ótimos membros na equipe, pessoas que confiam

que todos ali farão um excelente trabalho, e que se desafiam.

- O trabalho mais importante dos gestores é se certificar de que todos os membros de uma equipe tenham uma alta performance, façam um excelente trabalho e se desafiem.
- As políticas, os procedimentos, as regras e as aprovações da empresa devem ser o mais simples possível, porque a maioria dessas normas verticais atrapalha a velocidade e a agilidade.
- Faça constantemente testes e experimentações para descobrir quão enxuta a empresa pode ser. Se descobrir que determinado procedimento ou política recém-abolido é de fato necessário, coloque-o em prática de novo. Procure o tempo todo refinar sua cultura, assim como trabalha constantemente para melhorar seus produtos e serviços.

PERGUNTAS PARA REFLEXÃO

- Ao examinar as políticas e os procedimentos da empresa, pergunte: Qual é o objetivo dessa política ou desse procedimento? Eles funcionam?
- Existem mecanismos de aprovação que você possa eliminar?
- Qual é a porcentagem de tempo que a gestão gasta na resolução de problemas e na formação de equipes?
- Já foi feita uma análise de custo-benefício dos incentivos oferecidos aos funcionários?
- Seria possível substituir as aprovações e permissões pela análise dos padrões de gastos e focar na precisão e na previsibilidade?
- Seu sistema de tomada de decisão é claro e amplamente comunicado?

2

Todo funcionário deve entender o negócio da empresa

Comunique constantemente os desafios

Quando recomendo que as empresas acabem com o maior número possível de procedimentos e aprovações, inevitavelmente me perguntam: "Mas como? De que forma isso é possível? O que substitui as regras, os processos, as aprovações, a burocracia e as autorizações?". A resposta é: comunicação clara e contínua sobre o contexto do trabalho a ser realizado. Dizer às pessoas: "Estamos exatamente neste ponto e é isto que estamos tentando alcançar". Quanto mais tempo os gestores dedicarem à comunicação, aos esclarecimentos e à transparência em relação ao trabalho a ser realizado, em relação aos desafios que a empresa está enfrentando e ao contexto competitivo mais amplo, menos importantes serão as políticas, aprovações e incentivos.

Mesmo que você não tenha liberdade para acabar com políticas, procedimentos, bônus e avaliações formais anuais, você pode implementar uma comunicação muito mais clara, aberta, honesta e contínua sobre os desafios nos negócios e o modo como os funcionários os enfrentam. Isso propicia melhorias muito mais oportunas no desempenho e ajustes mais flexíveis das metas. Também incentiva as pessoas a fazer perguntas e compartilhar ideias, o que pode resultar em informações extremamente valiosas sobre como melhorar seu produto, seu serviço para os clientes e o próprio negócio. Passei a valorizar a importância de que cada funcionário entenda de verdade o negócio da empresa quando eu mesma comecei a aprender profundamente sobre os negócios da Netflix.

As pessoas não querem se divertir no trabalho; elas querem aprender

Quando eu estava na Sun, havia 370 funcionários no RH. Sim, 370 funcionários! E praticamente todos estavam alheios ao negócio da empresa; eles não sabiam dizer o que fazíamos. Ficávamos desenvolvendo iniciativas, comemorações e eventos externos. Éramos um RH metade entretenimento, metade carinha feliz. Era muito divertido, mas, de certa forma, vazio. Sempre buscávamos mais respeito e reconhecimento.

Só passei a sentir um novo tipo de entusiasmo pelo trabalho quando entrei na Netflix e comecei a me envolver integralmente no crescimento da empresa. Quando aceitei o cargo, foi com a condição de não ficar isolada como a moça do RH. Eu reportaria diretamente a Reed e faria parte da equipe executiva. Com isso, tive que agir e aprender profundamente como os negócios funcionavam. Ao fazer isso, acabei entendendo como é importante que cada funcionário da empresa tenha esse conhecimento. Reed e eu havíamos nos inspirado na discussão sobre *open-book management* (ou gestão de livro aberto) apresentada na obra *The Great Game of Business*, de Jack Stack e Bo Burlingham. Entendi a importância da transparência sobretudo graças à nossa drástica mudança de modelo de negócio: de DVD pelo correio para modelo de assinatura.

Certa manhã, Reed e eu estávamos indo juntos para o trabalho quando ele começou a falar apaixonadamente sobre a mudança de serviço de aluguel de DVD para um modelo de assinatura. Ele estava muito entusiasmado. Eu disse: "Tá, tudo bem! Dá para perceber na sua voz. Eu sei o que acontece quando você fica assim. Você tem certeza disso, não tem?". Eu sabia que a maioria dos funcionários não ia gostar da mudança, mas também sabia que Reed ia fazê-la de qualquer maneira, porque acreditava que era o melhor para os negócios. A mudança certamente seria dolorosa; implicava muito mais que simplesmente modificar os termos do site. Tivemos que mudar o modelo de remessa, o modelo de cobrança e toda a estrutura da empresa, os departamentos, supervisores e vendedores. Também tivemos que contratar muita gente apta a desenvolver a parte técnica, para atender aos assinantes e fazer bom uso do tsunami de dados de usuários que estaríamos acumulando. Além disso, nossa maior concorrente – a Blockbuster, que era cem vezes maior –, também estava em busca desses dados.

O mais bonito de toda essa história foi que, como a mudança nos negócios se revelou muito drástica, precisei me concentrar intensamente em duas coisas. Primeiro, tive que entender profundamente o novo modelo de negócios e o que estava em jogo. Assinatura é uma corrida de números, e o faturamento ocorre ao longo do tempo, depois de um investimento inicial. Reconheci que era uma grande aposta. Teríamos que gastar um dinheiro considerável para inscrever um primeiro grupo de assinantes, o que funcionaria como um investimento na conquista de mais clientes, e esses novos clientes nos permitiriam bancar a próxima expansão. Esse é o modelo fundamental da Netflix; pague antecipadamente por benefícios nos próximos anos. Naquele estágio de nosso crescimento, essa despesa inicial considerável significava que não tínhamos muito tempo para fazer o modelo funcionar. A segunda coisa é que, por conta da urgência de acertar, eu precisava ajudar todos os outros funcionários a entender o novo modelo de negócios. Naquela época, o único modelo que conhecíamos incluía datas de vencimento e multas por atraso. Quando Reed propôs uma assinatura sem datas de vencimento nem multas por atraso, foi realmente assustador. Afinal, as multas eram o combustível no motor da Blockbuster. Quando dissemos que não íamos cobrar multas, todo mundo perguntou: "E como isso vai dar certo?".

Eu me apaixonei por meu cargo de executiva e não queria mais ser a figura materna feliz do RH. Também me apaixonei por explicar a todo mundo, de maneira bem clara e completa, por que estávamos tomando aquelas decisões, de que forma todos poderiam participar melhor da conquista de nossos objetivos e quais seriam os obstáculos.

Esse momento de descoberta me fez recordar de quando meu filho tinha 6 anos e jogava futebol. Meu marido era o técnico, e eu ia a muitos treinos. Observar as crianças era hilário. Elas só se aglomeravam em volta da bola. Um dia, no carro, a caminho do primeiro jogo do time, perguntei a meu marido: "Qual é sua estratégia para o jogo?". "Bem, eu ia tentar fazer todos correrem pelo campo na mesma direção ao mesmo tempo", respondeu ele. Comentei: "Ah, acho que é viável". E ele emendou: "Sim, mas no segundo tempo eles vão ter que correr para o outro lado".

A Copa do Mundo aconteceu no final da temporada, e as crianças vieram assistir a alguns jogos na minha casa. Quando viram a tomada aérea da partida, elas se deram conta: *Ah! É assim que se faz um passe!* O mundo dos negócios funciona de forma parecida.

As pessoas precisam ver as coisas do ponto de vista da diretoria para se sentir conectadas de verdade com a solução dos problemas, que deve acontecer em todos os níveis e em todas as equipes, para que a empresa identifique problemas e oportunidades em todos os recantos do negócio e atue efetivamente sobre eles. A ironia é que as empresas já investiram muito em diversos tipos de programas de treinamento e gastaram muito tempo e esforço para incentivar e medir o desempenho, mas não conseguiram explicar a todos os funcionários como seus negócios funcionam.

A frequência cardíaca da comunicação

É claro que, à medida que uma empresa se torna mais complexa, a comunicação a respeito do seu funcionamento e, principalmente, de seus planos para o futuro também se torna mais complicada. Descobrir como fazer isso – e, para os líderes da empresa e executivos de RH, treinar todos os gestores para fazê-lo de forma consistente e contínua – leva tempo. O segredo é estabelecer o que chamo de uma boa frequência cardíaca da comunicação, e isso requer experimentação e prática.

Durante um tempo, a cada dez novas contratações, Reed e eu nos reuníamos em uma sala e apresentávamos um PowerPoint, que foi nosso ponto de partida na criação do Culture Deck. Dizíamos: "Esta é a 'cola' de vocês. É o que devem esperar um do outro e, sem dúvida, esperar de seus gestores". Com o tempo, desenvolvemos uma "faculdade para novos funcionários". Uma vez por trimestre, durante um dia inteiro, cada diretor de departamento fazia uma apresentação de uma hora sobre as questões e os desenvolvimentos importantes em sua parte do negócio. A ideia da faculdade foi de Cindy Holland, que agora é vice-presidente de aquisição de conteúdo/séries originais. Certa vez, ela e eu estávamos nos bastidores assistindo a algumas apresentações que a equipe executiva estava fazendo para um grupo de investidores. Cindy se deu conta de que estava aprendendo bastante, então virou para mim e perguntou: "Por que fazemos tudo isso para um monte de estranhos, mas não para nós mesmos?". Então passamos a envolver todo mundo.

Os funcionários da Netflix vão lembrar com alguma admiração que absorver todas as informações transmitidas nessa faculdade era como beber água de uma mangueira de incêndio. Eles ouviam apresentações detalhadas que incluíam as métricas e os resultados de cada departamento. Isso não apenas dava aos funcionários uma compreensão profunda de nosso negócio, mas também os apresentava aos diretores das diversas unidades. E o melhor é que eles podiam fazer perguntas a essas pessoas.

A comunicação deve fluir tanto para cima quanto para baixo

É vital que a comunicação seja uma via de mão dupla. As pessoas têm que poder fazer perguntas e oferecer críticas e ideias. O ideal é que elas pudessem fazer isso com todos os gestores, inclusive com o CEO. Na faculdade para novos funcionários, ao começar o processo, dizíamos aos participantes: "Você vai tirar deste dia o que puser nele. Se não fizer perguntas, não vai obter respostas". Agora, olho para trás e percebo que isso foi fundamental para o sucesso da empresa. Deu aos funcionários de todos os níveis licença para pedir esclarecimentos livremente, tanto sobre algo que eles deveriam fazer como sobre uma decisão tomada pela gestão. Isso não apenas significava que eles estavam mais bem informados; com o tempo, isso instilou em toda a empresa uma cultura da curiosidade. A implicação disso era que os gestores em geral tinham insights importantes porque alguém havia feito uma pergunta muito boa. Vejamos um ótimo exemplo. Na faculdade para novos funcionários, Ted Sarandos explicou o que chamamos de *windowing of content*. O termo se refere ao tradicional sistema desenvolvido para a distribuição de longas-metragens: um filme é lançado primeiro nos cinemas, depois vai para hotéis, depois para DVD e, nesse momento, a Netflix pode tentar comprá-lo. Durante a etapa de perguntas e respostas, um engenheiro perguntou a Ted: "Por que o *windowing of content* acontece dessa maneira? Parece idiota". Ted recorda que essa pergunta o deixou paralisado. Ele se deu conta de que, embora fosse essa a convenção, não sabia explicar por quê. E respondeu com franqueza: "Não sei". Ele me contou que não conseguia esquecer a pergunta, que o fez "questionar tudo sobre *windowing of content*, e, anos depois, contribuiu para meu total conforto ao lançar todos os episódios de uma série de uma só vez, mesmo que isso nunca tivesse sido feito na televisão".

Nunca subestime o valor das ideias e das perguntas de funcionários de todos os níveis; elas podem surpreendê-lo.

Todas as pessoas que trabalham para você, em todos os níveis, podem entender seu negócio

Ao conversar com algum colega sobre um problema no trabalho, você já deve ter ouvido uma pergunta que o fez pensar: *Essa pessoa não tem a menor noção do que está acontecendo!* Bem, da próxima vez que isso acontecer, quero que você diga a si mesmo: *Espere aí, é verdade, essa pessoa não tem noção. Ela não sabe o que eu sei. Então, preciso informá-la.*

Sempre que eu conversava com um líder de equipe da Netflix sobre um membro que precisava de mais ajuda para entender um problema – coisa que, dada a natureza rápida e técnica de grande parte dos negócios, acontecia regularmente –, às vezes havia resistência. A pessoa dizia algo como: "Eu tentei explicar isso, mas ele é burro demais para entender". Minha resposta sempre era: "Bem, então, você tornou a coisa complicada demais para ele entender". A regra que eu sugeria era: explique como se estivesse falando com a sua mãe. Isso porque, com o passar dos anos, quando eu conversava com minha mãe sobre alguma iniciativa de RH que eu estivesse coordenando, usando com fluência meu jargão ininteligível do RH, ela dizia: "Querida, que bobagem". E ela sempre tinha razão.

Não é fácil encontrar maneiras simples, porém sólidas, de explicar todos os aspectos de um negócio, mas as recompensas são enormes. Quando dou uma consultoria, muitas vezes pergunto a gestores de empresas que têm áreas de atendimento ao cliente: "Você acha que os representantes do atendimento ao cliente entendem o bastante sobre o funcionamento de sua empresa? Eles reconhecem as questões mais prementes que o negócio enfrenta? Você acha que eles sabem quanto o trabalho deles contribui para os resultados? Estou me referindo a números".

Agora, com que frequência você acha que as empresas deixam a peteca cair quando se trata de atendimento ao cliente, apesar de todo esse papo de melhorar a experiência do consumidor? As pesquisas oferecem uma infinidade de dados terríveis. Segundo relatos, 78% dos consumidores não concluem uma compra ou outra transação devido a uma experiência ruim no serviço, e os custos disso para as empresas nos Estados Unidos são estimados em 62 bilhões de dólares por ano. As pesquisas também mostram que os comentários do cliente sobre experiências ruins se espalham para o dobro de pessoas do que aqueles sobre boas experiências. Esse é um problema que, em geral, deve ser resolvido por pessoas. Apesar das tentativas de oferecer atendimento ao cliente por meio de *bots*, de perguntas frequentes pré-programadas ou de sistemas de mensagens, o serviço presencial cara a cara, ou voz a voz, é, de longe, o mais eficaz.

Qualquer empresa que tenha um setor de atendimento ao cliente deseja que os funcionários dessa área sejam altamente engajados, e o primeiro passo é ensiná-los a ler os resultados financeiros. Claro, em geral, essas são as últimas pessoas para quem esses resultados seriam mostrados; afinal, a maioria delas não fica muito tempo no cargo, não é? Elas estão na base da hierarquia. No entanto, todo o sucesso do negócio é fundamentalmente impulsionado pelo marketing boca a boca, e as pessoas que estão em contato direto com os clientes precisam entender que todas as suas interações com um cliente podem levá-lo a dizer a outra pessoa, de graça, para usar o produto ou serviço da empresa. Ou não. O pessoal do atendimento ao cliente, desde o primeiro dia, precisa entender exatamente como a experiência que oferecem aos clientes tem efeito direto nos resultados da empresa. Esclarecer isso não é difícil. Toda empresa calcula seu custo de aquisição de clientes, e cada pessoa que se torna cliente por recomendação de outro possibilita a economia desse dinheiro. Toda empresa pode compartilhar informações com os funcionários desse setor como uma maneira de envolvê-los.

Quando recomendo aos gestores que compartilhem os detalhes do negócio, às vezes ouço que só pessoas inteligentes são capazes de entender essas informações, e que só pessoas inteligentes desejam conhecê-las. Acho que existe um preconceito entre os executivos, que consideram esse tipo de informação como sendo "coisa de MBA", acreditando que "essas pessoas" não se interessariam ou não conseguiriam entender. Minha resposta é: então não contrate pessoas tão burras. Melhor ainda, não presuma que as pessoas são *burras*. Suponha que, se estão fazendo besteira, é porque estão desinformadas ou mal informadas.

Mas é claro que os funcionários precisam estar em um nível mais alto para serem informados sobre os pormenores do negócio, não é? E se o departamento estiver com problemas? E se a empresa estiver lutando para criar um mercado para um grande produto novo? Eles não vão se assustar? E será que é possível confiar tanta informação a eles? É óbvio que algumas informações devem ser mantidas em sigilo, mas você pode mencionar a intensidade da concorrência e compartilhar os principais desafios que estão sendo enfrentados.

É irônico que tão poucas informações sobre estratégia, operações e resultados sejam compartilhadas com os funcionários das empresas de modo geral. Afinal, atualmente, as empresas públicas compartilham essas informações com o mundo inteiro. Por que os investidores sabem mais sobre o que está acontecendo em seus negócios durante uma teleconferência sobre resultados do que a maioria das pessoas que trabalham na empresa? Acho que seria excelente se as empresas organizassem esse tipo de teleconferência para todos os funcionários. Aliás, por que não permitir que assistam às verdadeiras teleconferências de divulgação de resultados apresentadas aos investidores?

Se os funcionários não forem informados por você, há uma boa chance de que sejam mal informados pelos outros. Se você não lhes disser como está o negócio, qual é sua estratégia, os desafios que está enfrentando e como os analistas de mercado enxergam o desempenho da empresa, eles obterão essas informações em outro lugar – talvez com colegas, que, em geral, são igualmente mal informados, ou na internet, que adora um boato de falência ou uma boa teoria da conspiração.

O melhor modelo é o técnico do time, não o orientador educacional, os professores universitários ou as celebridades

Diversas empresas gastam muito dinheiro em treinamentos formais, e pedem a seus funcionários que dediquem muitas horas de trabalho a eles. Muito desse tempo, dinheiro e esforço é mal aplicado. Como diria um treinador esportivo, a melhor maneira de aprender a jogar é jogando.

Pouco tempo atrás, eu estava dando consultoria a uma empresa nova que adoro, e a diretora de aprendizado e desenvolvimento me disse que seus funcionários mais jovens precisavam aprender a ser gestores melhores. Perguntei: "O que eles precisam aprender a fazer?". "Bem, eles precisam ser gestores melhores", respondeu ela. "Fazendo o que especificamente?", insisti. "Gestão." "Mas qual parte?" "Bem, vamos precisar de um curso completo sobre gestão de conflitos e comunicação interpessoal", explicou ela.

Essas são provavelmente as duas aulas mais populares no cânone do treinamento, e tenho certeza de que já ajudaram algumas pessoas a ser gestores melhores. Mas se eu pudesse escolher um curso para dar a todos os funcionários, sejam eles da área de gestão ou não, seria sobre os fundamentos do funcionamento do negócio e do atendimento ao cliente. Esse é o tipo de informação que as pessoas mais desejam, porque sabem que podem utilizá-la. Elas costumam revirar os olhos para cursos sobre resolução de conflitos, sem falar que se ressentem do tempo que passam longe do trabalho.

E os chamados millennials? O tempo todo me perguntam nas consultorias: "Você sabe que precisamos tratar a geração millennial de um jeito diferente. O que nos aconselha?". As pessoas têm a impressão de que os millennials exigem privilégios e todo tipo de programas de aprendizagem continuada, porque pesquisas mostram que o que essas pessoas mais querem do trabalho é continuar aprendendo. Para mim, essa ideia de que temos que tratá-los de forma diferente é totalmente equivocada. Não suporto o termo “millennial”, e conheço alguns que pertencem a essa geração que também odeiam o rótulo. Devemos simplesmente pensar neles como pessoas em início de carreira. Sim, devemos ensinar-lhes mais, mas sobre como o negócio funciona. É ótimo que queiram aprender. E nem poderia ser diferente, afinal, acabaram de sair da faculdade. Estão numa fase da vida em que querem absorver e aprender tudo. Vão devorar tudo que você lhes der. Se lhes der só aperitivos, só vão comer isso. Mas, se começar a alimentar o cérebro deles com a verdadeira carne dos negócios, você vai se surpreender com o engajamento e com a contribuição que podem oferecer. Eles não são alienígenas; são jovens trabalhadores cheios de potencial. Se ensinarmos jovens funcionários a ler um demonstrativo de resultados, em vez de como instalar a torneira em um barril de chope, ou se lhes oferecermos um projeto real com o qual tenham que colaborar, em vez de mandá-los para um treinamento on-line sobre colaboração, estaremos lhes dando um aprendizado para a vida toda. Eles entendem o que constitui uma verdadeira aprendizagem continuada.

Quanto a privilégios e entretenimento, sem dúvida as pessoas gostam disso. Quem não gosta de pizza ou de drinques grátis com os colegas? Eu gosto. Mas descobri que os melhores privilégios e momentos especiais longe da rotina são oportunidades para entender melhor o negócio e os clientes. Na Netflix, nos primeiros dias, criamos muitas oportunidades para as pessoas aprenderem sobre a indústria do cinema. Muitos de nós éramos loucos por filmes, mas não sabíamos quase nada sobre como são feitos ou sobre a cultura dos verdadeiros cinéfilos. E, naquela época, a Netflix era particularmente conhecida por oferecer filmes de arte difíceis de encontrar em qualquer outro lugar. Então, levamos a empresa inteira ao Festival de Cinema de Sundance. Também levávamos regularmente as pessoas a Los Angeles para ouvir palestras de diretores, cineastas e editores famosos. Eu também adorava os eventos externos e as festas, mas não por causa da comida boa. Planejávamos agendas sérias e pedíamos que as pessoas apresentassem muitos dados, fizessem perguntas bem difíceis e discutissem como loucos o futuro da empresa e o cenário competitivo.

Quando, no inverno passado, recebi um convite para falar diante de 500 engenheiros de software em uma fazenda no leste de Washington, eu mal podia esperar para pegar o avião e passar um tempo de qualidade com meus amados nerds. O encontro era sobre o futuro da inteligência artificial. O que poderia ser melhor do que passar três dias imersos em tudo que há para se pensar e saber sobre como a tecnologia mais revolucionária de nosso tempo transformará todos os serviços e produtos do planeta?

Talvez você não possa bancar um encontro desse tipo nem levar sua equipe a um evento assim, mas pense em tudo o que pode fazer com os recursos que tem, a fim de fornecer a seus funcionários o máximo de informação possível. Isso os ajudará a ajudar você da melhor forma.

Mantenha-se atualizado

Na Netflix, no começo, todos nós pensávamos que só faríamos alguns slides para explicar nossa cultura organizacional e que usaríamos sempre os mesmos. Mas não só cada novo grupo de funcionários tinha perguntas diferentes, como a natureza do negócio e os desafios também mudava o tempo todo. É preciso monitorar constantemente a mensagem e atualizá-la. Esse é um trabalho que é preciso fazer para sempre.

Como você sabe quando as pessoas estão bem informadas? Minha medida é a seguinte: quando encontrar um funcionário qualquer, de qualquer nível da empresa, na sala de descanso ou no elevador, e lhe perguntar quais são as cinco coisas mais importantes em que a empresa trabalhará nos próximos seis meses, ele deve ser capaz de responder sem dificuldade – uma, duas, três, quatro, cinco –, de preferência usando as mesmas palavras que você empregou em suas comunicações à equipe. E, se elas de fato tiverem sido boas, o funcionário vai inclusive mencioná-las na mesma ordem que você usou. Caso contrário, você saberá que a frequência cardíaca ainda não está suficientemente forte.

Em resumo

- Funcionários de todos os níveis desejam e precisam entender não só a tarefa específica que lhes é designada e a missão da equipe, mas também a história mais ampla, como a empresa funciona, os desafios que enfrenta e o cenário competitivo.

- Compreender de fato como o negócio funciona é um aprendizado mais valioso, produtivo e atraente que os treinamentos de "desenvolvimento de funcionários". É o combustível do foguete da alta performance e da aprendizagem continuada.
- A comunicação entre a gestão e os funcionários deve fluir nos dois sentidos. Quanto mais os líderes incentivarem perguntas e sugestões e se tornarem acessíveis para dar e receber, mais funcionários de todos os níveis vão oferecer ideias e insights que os surpreenderão.
- Se alguém que trabalha para você parece perdido, é provável que não tenha recebido as informações necessárias. Tome o cuidado de fornecê-las.
- Se você não contar ao seu pessoal como anda o negócio e os problemas que vem enfrentando, eles vão obter essas informações em outro lugar, e muitas vezes serão mal informados.
- O trabalho de comunicação nunca acaba. Não é uma função anual ou trimestral, nem mensal ou semanal. Um fluxo constante de comunicação é a força vital da vantagem competitiva.

PERGUNTAS PARA REFLEXÃO

- Você acha que todos os funcionários da empresa são capazes de descrever seu modelo de negócios? Que tal pedir que façam isso? Não vale ajudar.
- Você compartilha com os funcionários as mesmas informações fornecidas nas apresentações de resultados da empresa? Com que frequência você divulga esses resultados? Onde eles poderiam obter dados sobre como sua empresa se posiciona em relação à concorrência?
- Será que todos estão cientes dos difíceis desafios que sua empresa enfrenta? Já perguntou aos funcionários como acham que a empresa deveria lidar com isso? Você tem um processo disciplinado para disseminar informações e discutir desafios?
- Quais áreas da empresa você acha que são as mais desconhecidas por seu pessoal? Poderia pedir a um líder dessa área para conversar com sua equipe? Pergunte-se se existem outras maneiras de facilitar a comunicação entre os grupos.
- Você acha que seu pessoal entende bem quem é o cliente e quais são as necessidades e os desejos dele? Você compartilha pesquisas de clientes com frequência? Pode fazer sua equipe passar algum tempo com clientes?
- Se estiver pensando em realizar um evento externo, qual é a questão mais urgente que gostaria que seu pessoal aprendesse e debatesse? Como você poderia apresentar as informações da melhor forma possível?

- Que reuniões ou fóruns existentes podem ser usados para fornecer mais comunicação sobre o contexto comercial da empresa? Você reavalia regularmente essas reuniões para ter certeza de que continuam eficazes? Você define pautas diferentes para diferentes tipos de comunicação (por exemplo, uma apresentação semanal *versus* uma reunião trimestral com todos)?

3

Os seres humanos odeiam ser enganados e enrolados

Pratique a honestidade radical

Um dos insights importantes que se pode ter no mundo dos negócios é que não é cruel dizer a verdade às pessoas de forma respeitosa e honesta. Pelo contrário, ser transparente e dizer às pessoas o que elas precisam ouvir é a única maneira de assegurar que confiem em você e te entendam.

Muitas vezes achamos que não podemos falar a verdade para aqueles que trabalham para nós ou conosco porque eles a) não são inteligentes o bastante para entender, b) não são maduros o bastante para entender ou c) não seria legal. O que há de errado nisso? Afinal, os humanos querem ser legais. Queremos tratar uns aos outros bem e achamos que isso significa fazer todos se sentirem bem. Mas esse desejo de fazer as pessoas se sentirem bem muitas vezes é tanto o desejo de nós mesmos nos sentirmos bem quanto o de fazer o que é certo. E isso costuma fazer com que as pessoas se sintam pior, porque não estão corrigindo um problema, e a coisa acaba voltando.

Ser adulto é ser capaz de ouvir a verdade. Por isso, você deve a verdade aos adultos que contrata. É o que eles mais querem de você.

Você disse isso na cara deles?

Uma das normas mais importantes da Netflix é que as pessoas conversem entre si, abertamente, sobre os problemas. Isso vale para subordinados, colegas e chefes. A ideia é que a honestidade flua por toda a empresa, em todos os níveis hierárquicos.

Grande parte da razão pela qual Reed Hastings e eu trabalhamos tão bem juntos é que sempre fomos muito honestos um com o outro. Reed gostava do fato de eu ser honesta não só com ele, mas com todos na empresa. Quando contei a uma das minhas antigas colegas de RH – que tinha ouvido muitas histórias minhas sobre trabalhar com Reed na Pure Software – que eu estava indo para a Netflix, ela disse: "O quê?! Você vai para outra startup com o 'Animal'?". Eu tinha esquecido que às vezes o chamava assim. Reed era muito duro naquela época. Mas ele esperava muito de mim, e eu sempre fui desafiada a entregar resultados.

Praticar a honestidade radical é como respirar para mim – característica que nem sempre foi apreciada nas empresas onde trabalhei. Um dos motivos pelos quais decidi trocar o mundo corporativo pelo das startups quando fui trabalhar para Reed na Pure foi que eu estava sempre tendo problemas. Por exemplo, certa vez, fui chamada pelo vice-presidente de RH, que perguntou: "Você zombou dos engenheiros?". E eu: "Sim! Mas, veja só, eles estão reclamando que as banheiras de hidromassagem não estão quentes o bastante, que as toalhas não são macias e que a piscina está muito fria". E ele me repreendeu: "Você sabe que os engenheiros são nosso recurso mais importante, você precisa dar tratamento especial para eles!". Mas eu não concordava. Como já disse antes, eu estava cansada de vê-los sendo tratados como deuses.

Com Reed, as coisas não poderiam ter sido mais diferentes. Quando ele me entrevistou, uma de suas primeiras perguntas foi: "Qual é sua filosofia de RH?".

Lembre que eu havia trabalhado na Sun e na Borland, de modo que respondi com meu discurso de RH fluente: "Reed, acho que todo mundo precisa definir um limite a partir de suas ambições pessoais e sua integridade e se sentir apto a contribuir".

Ele olhou para mim e disse: "Você fala a minha língua? Sabe que o que acabou de dizer não significa nada, não é? Essas palavras não formam nem uma frase lógica!".

Respondi com meu característico desembaraço: "Ei, você nem me conhece!".

E ele emendou: "Como vou conhecê-la se estamos tendo esse tipo de conversa? Diga, o que você faria para ajudar minha empresa crescer?".

Quando voltei para casa naquele dia e meu marido me perguntou como tinha sido a entrevista, respondi: "Bem, eu briguei com o CEO".

Felizmente, consegui o emprego e logo me encantei com a maneira como Reed e eu podíamos ser francos um com o outro. Ele sempre desafiava minhas posições e contestava qualquer truísmo de RH que eu soltasse, e isso era ótimo. Eu me sentia respeitada. Reed nunca me paparicava, e eu adorava o modo como ele me pressionava para continuar encontrando novas maneiras de melhorar os negócios. Assim que eu realizava algo do qual realmente me orgulhava, ele dizia: "Legal, isso foi ótimo! E agora?".

Um dos pilares da cultura Netflix era que, se alguém tivesse um problema com um funcionário ou com o jeito como um colega de seu próprio departamento ou de outro lugar da empresa fazia alguma coisa, as pessoas deviam conversar sobre isso abertamente, de preferência cara a cara. Não queríamos críticas pelas costas. Como eu era a diretora de RH, os gestores costumavam reclamar comigo sobre um funcionário ou sobre alguém de outro departamento. E eu sempre dizia: "Você já falou com a pessoa?".

Manter os funcionários nesse padrão de transparência traz muitos benefícios. Um é que isso restringe a politicagem e a deslealdade. Costumo dizer que odeio políticas empresariais, não só porque são horríveis, mas também porque são muito ineficientes. Por exemplo: se vou apunhalar alguém pelas costas, preciso pegar uma faca, escondê-la, esperar até ficar a sós com a pessoa e pegá-la desprevenida. Preciso ter certeza de que a matei, senão ela vai vir atrás de mim. É preciso planejamento, e o risco é alto. Não seria muito mais fácil dizer a essa pessoa: "Fico furioso quando você faz isso! Por favor, pare!". Mas o mais importante é que a honestidade ajuda as pessoas a crescer e acaba com as diferenças de opinião e ideias alternativas que as pessoas costumam guardar para si.

As pessoas aprendem a receber críticas

Para os novos funcionários, compartilhar abertamente as críticas era uma das partes da cultura Netflix mais difíceis de aceitar, mas a maioria logo passava a reconhecer o grande valor dessa abertura. Quando conversei sobre isso com Eric Colson, um de nossos grandes líderes, ele me disse que dar e receber um feedback honesto era essencial para o ótimo funcionamento de sua equipe; e sua equipe funcionava maravilhosamente bem. Foi por isso que Eric chegou ao cargo de vice-presidente de ciência de dados e engenharia com menos de três anos de casa, tendo começado como especialista. Antes de entrar na Netflix, ele coordenava uma pequena equipe de análise de dados no Yahoo! e lembra que a cultura lá era apoiar as pessoas, e não as criticar. Ele me contou que ficou chateado quando começou a receber feedback crítico dos colegas da Netflix. "As pessoas diziam: 'Colson, você não é bom em comunicação; quando precisa transmitir uma mensagem para um público grande, leva muito tempo para chegar ao ponto, e o argumento não fica claro'". Sua reação inicial foi pensar: "*Ah, é? Bem, tenho muitas coisas a dizer sobre você também!*". Mas ele logo percebeu que, "quando você reflete sobre o que os outros dizem, vê as coisas do ponto de vista deles e aprende a melhorar essas coisas. Essa franqueza foi bastante útil". Muitas vezes vi na Netflix que as pessoas se recuperavam rapidamente do choque inicial de receber um feedback negativo e aprendiam não só a agradecer por isso, mas também a oferecer seu próprio feedback de maneira muito mais consistente e atenciosa.

Eric também compartilhou comigo uma história que só reforçou o que observei tantas vezes quando os gestores não estavam dispostos a dar um feedback severo aos funcionários: que isso pressiona indevidamente o chefe a dar cobertura e tira do funcionário a chance de melhorar. Ele recordou ter guardado para si uma crítica extremamente necessária para um de seus funcionários no Yahoo! e, em seguida, teve que compensar os déficits dessa pessoa, o que foi desgastante – e injusto para com o funcionário. "Eu era gentil demais", disse ele, "e isso significa que você é um mau gestor. Você acaba dourando a pílula, e isso é um desserviço."

Treine seu feedback

Trabalhamos duro na Netflix para que as pessoas entendessem o valor de um feedback totalmente honesto, assim como aconteceu com Eric, e para treinar os gestores para que ficassem confortáveis ao oferecê-lo. Esse era o foco principal de meu tempo. Às vezes, eu simplesmente deixava a pessoa desabafar, em alto e bom som. Ela recitava com detalhes todo o mau comportamento do funcionário que a estava incomodando. Então, eu perguntava: "O que ele respondeu quando você lhe disse isso?". Em geral, a pessoa que reclamava respondia: "Não posso dizer isso a ele!". Eu insistia: "Mas você disse para mim, não disse?". E a pessoa parecia envergonhada ao perceber que não era certo falar mal dos outros pelas costas. Então, treinávamos a mesma conversa sem a emoção. Também falávamos da importância de dar exemplos específicos do comportamento problemático e propor soluções. Seguir essas regras torna essas conversas de fato construtivas.

O treino é crucial para aprimorar seu estilo de feedback. Você pode praticar na frente do espelho, com o cônjuge ou com um amigo. Na verdade, ensaiar em voz alta o que você vai dizer permite ouvir o tom de sua voz. Você pode até se gravar falando. Também é importante pensar na sua linguagem corporal, que pode falar mais que as palavras. Muitas vezes, não temos consciência da ênfase com que passamos uma mensagem negativa. Uma amiga me disse que, quando foi fazer coaching para conseguir conversar com a chefe – que era tão difícil que a equipe toda tinha problemas para se comunicar com ela –, o coach lhe pediu para fazer uma dramatização mostrando como normalmente falava com a chefe. Então o coach exclamou: "Bem, tenho certeza de que ela sabe quanto você está irritada!". Os gestos de minha amiga revelavam muito. O coach sugeriu que ela se sentasse sobre as mãos durante as reuniões com a chefe, e isso melhorou drasticamente as conversas.

A coisa mais importante sobre o feedback é que ele deve se referir ao comportamento, e não a uma característica da pessoa, como "você não tem foco". Também deve mostrar as mudanças específicas que estão sendo solicitadas à pessoa. O comentário "você está fazendo um grande esforço, mas não é o suficiente" essencialmente não faz sentido. Uma versão mais assertiva seria: "Estou vendo quanto você está trabalhando, reconheço isso, mas notei que você dedica muito tempo a algumas coisas, em detrimento de outras que são mais importantes". E, então, você estabelece uma nova priorização de tarefas com a pessoa. Certa vez, recebi um feedback extraordinariamente útil, que é um modelo por ser direto e sugerir a solução. Uma pessoa que trabalhava em colaboração próxima comigo e estava sempre em minhas reuniões me disse que eu deveria falar menos. "Você sempre fala tanto que os outros não têm oportunidade de colaborar." Feito. Comecei a me segurar, a me calar e ouvir mais.

Muita gente hesita em falar tão abertamente, mas a verdade é que a maioria das pessoas de fato gosta da oportunidade de entender melhor o próprio comportamento e como ele é percebido – desde que o tom do feedback não seja hostil nem condescendente.

Dê o exemplo de honestidade, e as pessoas vão adquirir o hábito

Você deseja que toda a sua equipe – ou que a empresa toda, caso você seja de alta gestão – aprenda a ser mais aberta e honesta entre si. Para que isso aconteça, o padrão deve ser definido e praticado de cima para baixo. A equipe executiva da Netflix dava o exemplo de honestidade de várias maneiras. Uma delas era realizando um exercício que chamamos de "Começar, Parar, Continuar" em nossas reuniões de equipe. Nesse exercício, cada pessoa diz a um colega algo que precisa começar a fazer, algo que precisa parar de fazer e algo que está fazendo muito bem e deve continuar fazendo. Acreditávamos tanto no valor da transparência que fazíamos esse exercício em nossas reuniões em voz alta. O reconhecimento da grande importância de ser aberto percorria a empresa quando voltávamos para as equipes e relatávamos que os executivos haviam acabado de jogar "Começar, Parar, Continuar", e então contávamos o que tinha sido dito. Não era uma regra; eu não transformei o exercício em uma iniciativa do RH. A maioria dos executivos simplesmente o fazia, o que exemplifica o poder de ser um modelo. Algumas pessoas me diziam que aquilo nunca funcionaria com suas equipes, e eu respondia: "Bem, isso está sendo feito no departamento de produtos e no marketing, e parece estar funcionando, porque a produção aumentou". Em geral, esse argumento era bastante convincente.

Também dávamos o exemplo de honestidade radical de cima para baixo ao exigir que todos os nossos líderes de equipe treinassem seu pessoal para isso. Insistíamos que o feedback fosse dado continuamente. Além disso, pedíamos que explicassem claramente para as equipes que era inaceitável falar das pessoas pelas costas ou procurar os chefes para reclamar de um colega, a menos, é claro, que o problema fosse relacionado a violações éticas, como assédio sexual, que era tratado com sigilo.

Outra grande formadora de equipe era Rochelle King, que começou liderando um pequeno time de design e se tornou gestora de um grande grupo, como vice-presidente de experiência do usuário e de serviços para produtos. Ela recorda que, no início, era difícil dar um feedback tão aberto e honesto, mas que, por ser uma norma tão forte, ela percebeu que não tinha escolha, que precisava se sentir à vontade fazendo isso. E me contou: "Como líder, eu achava que tinha que fazer as coisas difíceis para manter a cultura, coisas que eram contra minha natureza, como ter conversas difíceis cara a cara. Eu sabia que era algo que precisava respeitar – o ato totalmente desconfortável de ir conversar com alguém sobre um problema. Quando faz parte da cultura, você é responsável por ela. Havia muitos relatos de outros líderes fazendo isso, então você acaba fazendo também".

Quanto mais rigorosa for a sua comunicação e o seu exemplo a respeito da transparência, mais ela se tornará parte de sua cultura.

Ofereça mecanismos para feedback

Em determinado momento, decidimos que queríamos facilitar a transmissão de críticas não apenas aos subordinados diretos e aos colegas de equipe, mas também a colegas de toda a empresa. Por isso, uma vez por ano, criamos um sistema de enviar feedback a qualquer funcionário por meio do "Começar, Parar, Continuar". Escolhemos um dia de feedback anual e solicitamos que todos enviassem seus comentários no formato "Começar, Parar, Continuar" para todos aqueles a quem quisessem dar feedback.

Esse é um ótimo exemplo de como as práticas que usamos para criar a cultura evoluíram à medida que fomos experimentando coisas novas. No começo, o sistema era anônimo. Mas, como era de esperar, os engenheiros se rebelaram. A gestão dizia que as pessoas deviam ser abertas e honestas, mas a ferramenta que fornecíamos carecia de transparência. Eles simplesmente começaram a assinar as críticas. A equipe executiva percebeu que o argumento deles era bom, e revisamos o sistema.

Para garantir que as pessoas entendessem que de fato não queríamos que guardassem as coisas para si, monitorei o modo como faziam as críticas. Eu não queria que escrevessem só críticas bobas aos colegas que conheciam bem. A questão era que estávamos fornecendo uma plataforma para ampla transparência. Eric Colson me contou que, na primeira vez que elaborou seus comentários, pensou: *Se eu escrever comentários só para algumas pessoas, vou ouvir Patty dizer: "O que é isso? Você trabalha com 50 pessoas e só deu feedback a três?!"*. Se você instituir um processo como esse, provavelmente terá que pedir que as pessoas se comprometam a participar avidamente.

Não há dúvida de que levou algum tempo até que os funcionários se acostumassem com esse processo. Eric conta como estava ansioso na primeira vez: "Eu não gostava do jeito como um gestor de produtos fazia determinada coisa; lembro que passei o mouse sobre o botão 'Enviar' e pensei: *Ah, meu Deus, o que ele vai pensar de mim? Será que vai ficar com raiva?* Mas, no dia seguinte, quando todo mundo já tinha recebido seu feedback, para minha surpresa, ele foi até minha mesa e disse: 'Ei, recebi seu feedback; obrigado, foi muito útil'". Eric recorda que sempre aguardava ansiosamente pelo dia de compartilhar comentários. De acordo com minha experiência, provavelmente 90% das pessoas reagiram dessa maneira, e muitas vezes o feedback levou a conversas produtivas que ajudaram a resolver problemas.

Todos os funcionários merecem saber sobre os problemas no negócio

Essa mesma honestidade radical era praticada em relação aos desafios que a empresa enfrentava. Percorremos uma estrada bastante instável nos primeiros anos, e compartilhávamos com todos os funcionários as dificuldades que encontrávamos. Éramos bem claros em relação a nossos prazos, nossas métricas e o que seria necessário para atingir as metas. Queríamos garantir que todo o nosso pessoal entendesse aonde estávamos indo e o que estávamos fazendo, e percebi que uma parte essencial disso era entender, de forma profunda, o que estávamos enfrentando. Na maioria das empresas, ninguém tem a responsabilidade de comunicar essas informações a todos, e é comum que muitas pessoas – departamentos inteiros, inclusive – fiquem no escuro. Às vezes, algumas empresas até demoram para fazer mudanças importantes na estratégia e nas operações devido à preocupação com a reação dos funcionários.

Na Netflix, aprendemos que preparar as pessoas para as mudanças vindouras criava uma sensação de confiança em toda a empresa: confiança de que levaríamos a empresa, de maneira proativa, aonde ela precisava ir, e que não enganaríamos ninguém a respeito das alterações necessárias. Claro que, às vezes, as mudanças não agradavam. Um de nossos grandes desafios iniciais foi fazer a transição para o streaming. Sempre conversávamos sobre o streaming de vídeo como o futuro de nosso negócio e acompanhávamos de perto os hábitos de nossos clientes à medida que nos aperfeiçoávamos na entrega e no desenvolvimento de nosso conteúdo. Durante esse período, tivemos muitos debates abertos e acalorados sobre o impacto dessa transição para os clientes. A transparência em relação à dificuldade das decisões não tornou mais fácil tomá-las, mas o diálogo honesto permitiu que a empresa inteira estivesse preparada e que tomássemos as decisões certas nos momentos certos. Não ficávamos enrolando, preocupados com o choque que seria para os funcionários. Claro, a transição foi difícil, e algumas pessoas não ficaram felizes, mas não houve falta de clareza sobre o que estava por vir.

Muitos diretores pensam que compartilhar os problemas enfrentados pela empresa aumenta a ansiedade entre os funcionários, mas o que causa muito mais ansiedade é não saber. Não dá para proteger os funcionários das verdades difíceis. E esconder a verdade, ou dizer meias-verdades, só provoca desprezo. A base da confiança é uma comunicação honesta, e acho que as pessoas se tornam cínicas quando ouvem meias-verdades. O cinismo é um câncer. Cria um descontentamento metastático que se alimenta de si mesmo, levando à bajulação e incentivando traições.

Admita seus erros, e você obterá respostas melhores

Alguém me perguntou uma vez: "O que levaria você a me demitir?". E eu respondi: "Boa pergunta. Deixa eu pensar... Bem, certamente te demitiria por peculato, assédio sexual ou quebra de confidencialidade. Ah, eu sei por que o demitiria. Se estivéssemos discutindo algo que deu errado, fazendo uma análise *a posteriori*, e você dissesse: 'Ah, eu sabia que isso ia dar problema, mas ninguém me perguntou'. Provavelmente eu o atropelaria no estacionamento por ter permitido que algo que você já previa desse errado".

Mais um ponto vital sobre a honestidade em relação aos problemas nos negócios é que é uma via de mão dupla. Os funcionários precisam ser instruídos a nunca deixar de fazer perguntas ou fornecer informações a você ou a seus superiores diretos. Como líder, você deve dar o exemplo, mostrando – não só dizendo – que deseja que as pessoas falem, que é capaz de receber más notícias diretamente e que elas podem discordar de você. Caso contrário, a maioria das pessoas nunca falará abertamente com você. Um estudo da Deloitte mostrou que 70% dos funcionários, em uma ampla gama de setores, "admitem ficar em silêncio sobre questões que possam comprometer a performance".

Digamos que você esteja em uma reunião e prestes a tomar uma decisão. Um de seus subordinados diretos está há meses lhe dizendo que acha sua ideia sem sentido. No entanto, ali está você, terminando a reunião, e essa pessoa não diz nada. Você deveria desafiá-lo. Diga: "Estamos prestes a tomar uma decisão. Faz quatro meses que você me diz ser contra ela, e até agora não disse uma palavra. Mudou de ideia? Ou acha que não vou lhe dar bola?". Você precisa demonstrar a coragem que deseja que as pessoas tenham; a coragem de dizer: "Sinceramente, acho que não é uma boa ideia, e a razão é a seguinte".

Obviamente, uma coisa é obter opiniões honestas de colegas do mesmo nível ou da chefia, e outra é ouvi-las dos subordinados. Mas é exatamente o que você deseja. Porque você nem sempre está certo, e a satisfação de estar certo pode ser muito perigosa. Eu adorava essa satisfação. Adorava estar certa. Quando dizia a Reed ou a outro executivo que achava que alguma decisão deles era uma má ideia e descobria que estava certa, eu ficava muito satisfeita. Uma vez, Reed me mandou um e-mail dizendo: "Você estava certa, eu estava errado". Eu o imprimi e guardei na carteira. Eu só recebia um desses a cada três anos, de modo que eram importantes para mim! Mas, então, um dia, estávamos conversando sobre alguma coisa, e ele disse: "Você estava certa. Eu estava errado", mas não soou bem. Fiquei com raiva de mim mesma por não ter exposto meu ponto de vista antes, de uma maneira mais eficaz. Fiquei pensando como poderia ter argumentado melhor.

Quando os líderes não apenas estão abertos a errar, mas também admitem o erro prontamente – como Reed fez aquele dia e fazia com regularidade –, e quando o fazem publicamente, enviam uma mensagem poderosa para as equipes: *Por favor, se manifestem!*

Uma das melhores maneiras de colocar todas as cartas na mesa é ajudar as pessoas a ver que aqueles que se manifestam saem ilesos. Reed era muito bom nisso. Adoro a história que Tom Willerer me contou sobre a ocasião em que discordou de Reed em uma reunião de equipe, com cerca de 35 pessoas. O Facebook tinha começado a compartilhar no feed de notícias o que as pessoas estavam postando, o que estavam lendo ou vendo e os eventos a que iam. Reed queria que a Netflix entrasse nessa onda e postasse no feed de notícias as informações sobre o que os usuários estavam vendo. Tom achava que os usuários deveriam ter a opção de selecionar as informações que poderiam ser compartilhadas, mas Reed discordou veementemente. Os dois debateram o assunto com vigor na frente do grupo. Tom insistia no argumento de que os dados das pesquisas mostravam que os usuários queriam ter a escolha, e Reed acabou concordando que Tom e sua equipe realizassem um teste A/B para ver qual abordagem seria melhor. Quando os dados mostraram que Tom estava certo, Reed anunciou abertamente ao mesmo grupo: "Vejam, eu lutei muito contra isso, mas Tom estava certo. Bom trabalho".

Quando foi trabalhar como diretor de produtos no Coursera, Tom levou consigo sua sabedoria sobre como errar. Ele me contou, satisfeito, de uma vez em que esteve errado em relação a uma grande ideia que tinha levado para a empresa. Chegando com seu "brilhante histórico da Netflix", ele tinha certeza de que o Coursera devia começar a transmitir suas aulas 24 horas por dia, sete dias por semana, para que as pessoas pudessem iniciar um curso quando quisessem. Os professores que ministravam as aulas argumentavam que os cursos deveriam ser oferecidos apenas no início do semestre, assim como nas faculdades físicas. Diziam que os alunos precisavam de um começo difícil como esse, e também de prazos, para motivá-los. Tom achava essa abordagem ultrapassada e insistiu na transmissão de várias aulas, projetando também uma nova interface sofisticada. O que aconteceu? Muito mais pessoas começaram os cursos, mas muito menos os concluíram. Isso foi um grande problema para o Coursera. Seu modelo de negócio não é apenas oferecer muitas aulas; é fazer as pessoas aprenderem de verdade e receberem créditos. Os professores estavam certos ao afirmar que prazos rígidos são importantes para o aprendizado. Mas Tom não estava completamente errado. Por fim, por meio de mais testes, a empresa criou um modelo misto no qual os cursos começam a cada duas semanas; há prazos definidos para as tarefas, mas os alunos sabem que, se ficarem para trás, poderão recomeçar em apenas duas semanas.

Esse é exatamente o tipo de debate e discordância honestos que muitas empresas sufocam. Talvez seja por isso que um estudo do Corporate Executive Board constatou que as empresas que fomentaram ativamente um feedback honesto e mantiveram uma comunicação mais aberta produziram, em um período de dez anos, um surpreendente retorno 270% maior que o das empresas que não o fizeram.

Quando as pessoas compartilham abertamente, é mais difícil reescrever a história

A transparência também ajuda a garantir que as pessoas assumam as posições que defendem e que não fiquem apontando o dedo depois – ou, pelo menos, não tanto. Sejamos sinceros: é divertido dizer "eu avisei". Mas é tóxico para a solução produtiva de problemas.

Um dos fracassos mais difíceis que tivemos na Netflix foi a decisão de dividir nosso negócio em um serviço de aluguel de DVD (que chamamos de Qwikster) e um serviço de streaming (que manteve o nome Netflix), além de aumentar o valor da assinatura para cada um deles ao mesmo tempo. Foi um desastre. Os clientes ficaram indignados, e em cerca de um mês revertemos o processo, fazendo um pedido de desculpas público. Não vou alegar que não houve recriminações nem "eu avisei". Mas o fato é que a equipe executiva concordou com a estratégia, e todo mundo tinha tido a chance de se opor. Rochelle King, que já havia sido promovida para a equipe executiva, recorda a conversa que tivemos: "O interessante foi a maneira como a empresa agiu depois, reunindo todos os vice-presidentes para pensar no que fariam. Estávamos todos plenamente conscientes da estratégia. Devido à cultura de transparência, a equipe toda teve que se responsabilizar pelo que aconteceu".

Pesquisas anônimas transmitem uma mensagem confusa

Os engenheiros que se rebelaram contra nosso sistema de feedback anônimo fizeram isso com um profundo respeito pelo valor das contribuições abertas. Essa é uma das coisas que adoro nos engenheiros. Quando eles programam, cada pequena parte de sua obra é claramente identificada como sua, e eles aprenderam que a possibilidade de ligar erros a indivíduos, assim como grandes partes de um código, ajuda todo mundo a criar programas melhores. Eles estavam certos ao fazer pressão pela mudança do nosso sistema de feedback. Depois que os comentários passaram a ser assinados, o feedback se tornou mais ponderado e produtivo.

O pensamento convencional é que, se você permitir o anonimato das pessoas, elas serão mais verdadeiras. De acordo com a minha experiência, isso não acontece. Pessoas verdadeiras são verdadeiras em tudo o que fazem. E, se você não sabe quem está lhe dando feedback, como pode situar os comentários no contexto do trabalho da pessoa, saber quem é o gestor dela e que tipo de funcionário é? Talvez o maior problema com pesquisas anônimas seja transmitir a mensagem de que é melhor ser mais honesto quando as pessoas não sabem quem você é.

Conversei recentemente com uma diretora de RH que tinha acabado de obter os resultados da pesquisa semestral dos funcionários de sua empresa e queria discutir algumas iniciativas de RH que planejava lançar em função disso. Perguntei se a empresa havia contratado alguém de fora para fazer uma pesquisa anônima. Ela disse que sim, que havia convencido a diretoria a gastar esse dinheiro porque sabia que era muito importante. Então perguntei quem havia elaborado as perguntas. Ela disse que escolheram um dos programas que havia no mercado. "Aposto que alguém reclamou que você tirou os quatro tipos de água saborizada da geladeira, não é?", perguntei. O que eu quis dizer é que, se você confiar em pesquisas anônimas e em perguntas pré-elaboradas, não vai obter informações de qualidade. Se quer saber o que as pessoas pensam, o ideal é simplesmente perguntar a elas – e, melhor ainda, frente a frente. Aquela empresa tinha 70 funcionários. Eles deveriam ter dividido as pessoas em sete grupos de dez e pedido que compartilhassem suas opiniões.

Seus funcionários podem lidar com a verdade, direta e pessoalmente – e você também.

Em resumo

- As pessoas são capazes de lidar com a verdade, tanto sobre a empresa quanto sobre o próprio desempenho. A verdade não é apenas algo de que elas precisam, é também o que mais querem.
- Contar a verdade sobre os problemas detectados, de maneira oportuna e cara a cara, é a maneira mais eficaz de resolver problemas.
- A prática da honestidade radical diminui tensões e desestimula a traição, além de gerar entendimento e respeito.

- A honestidade radical também leva ao compartilhamento de pontos de vista opostos, que muitas vezes não são ditos e podem levar a insights vitais.
- Deixar de dizer a verdade às pessoas sobre seus problemas de performance faz com que os gestores e demais membros da equipe carreguem um fardo que não lhes pertence.
- O estilo de feedback é importante; os líderes devem praticar o feedback crítico, que seja específico, construtivo e mostre ser bem-intencionado.
- Pense na possibilidade de criar um sistema para que os colegas façam críticas uns aos outros. Criamos um modelo bem-sucedido na Netflix e instituímos um dia de feedback anual para que toda a empresa fizesse comentários a quem quisesse.
- Sirva de exemplo, admitindo abertamente quando estiver errado. Além disso, fale sobre o que o levou a tomar suas decisões e onde errou. Isso incentiva os funcionários a compartilhar com você ideias e pontos de vista opostos, mesmo que contradigam diretamente sua posição.

PERGUNTAS PARA REFLEXÃO

- Você foi aberto com sua equipe sobre as perspectivas atuais do negócio e sobre os problemas mais difíceis que a empresa e a equipe estão enfrentando? Os funcionários de todos os níveis conhecem os desafios da empresa nos próximos seis meses?
- As pessoas têm liberdade para discordar de alguém com autoridade durante uma reunião de equipe? Elas já viram isso ser feito abertamente, na frente da equipe toda?
- Existem funcionários que raramente, ou nunca, dão ideias nem falam de suas preocupações? Você já os desafiou ou conversou com eles sobre de que forma podem contribuir?
- Quando foi a última vez que você conversou abertamente com sua equipe sobre um erro que cometeu ao tentar resolver um problema da empresa?
- Se existe alguém de baixa performance em sua equipe, você já conversou seriamente com ele sobre isso? Que impacto você acha que os problemas de performance desse funcionário provocam no resto da equipe?
- Quando você conversa abertamente com um funcionário sobre problemas de performance, você acha que ele entendeu especificamente qual é o problema?
- Que valor teria para sua equipe receber feedback de pessoas de outras áreas da empresa? Existe alguma maneira de você facilitar essa troca?

4

Debata vigorosamente

Busque opiniões fortes e fale sobre elas, mas só use argumentos baseados em fatos

Nossa equipe executiva da Netflix era feroz. Éramos combativos daquele jeito bonito e intelectual em que você argumenta para provocar a manifestação do ponto de vista de alguém, porque, embora não concorde, considera o outro inteligente e quer entender por que ele ou ela pensa o que pensa. Esse respeito pela inteligência dos outros e o desejo genuíno de descobrir a base das opiniões dos colegas geravam intenso questionamento mútuo, na maioria dos casos produtivo e civilizado, e muitas vezes bastante intenso. A equipe também dava o exemplo para os funcionários em diversos fóruns, fazendo um debate aberto entre todos.

Talvez a principal razão que permitiu à empresa se reinventar e prosperar continuamente, apesar de tantos desafios assustadores terem chegado de maneira tão rápida e furiosa, foi o fato de termos ensinado as pessoas a perguntar: "Como você sabe que isso é verdade?". Ou, então, minha variação favorita: "Pode me ajudar a entender o que leva você a acreditar que isso é verdade?".

Por exemplo, deu um trabalho imenso diminuir o tempo de *buffer* (quantidade de tempo entre clicar em um vídeo e ele começar a rodar). Era um enorme problema que só os engenheiros podiam entender. Explicamos ao nosso pessoal de vendas e de marketing que eles não podiam chegar e gritar com os engenheiros: "Vocês precisam corrigir esse maldito problema de *buffer*!". Explicamos que deveriam dizer: "Me ajudem a entender por que o *buffer* demora tanto". Deixamos bem claro que as perguntas deviam ser feitas de forma genuína. Quando as pessoas questionam sobre os problemas com um interesse verdadeiro, constroem-se notáveis pontes de entendimento. A resposta para a questão do *buffer* foi extremamente reveladora para o pessoal não técnico, que não fazia ideia do terrível desafio que os engenheiros enfrentavam.

Com o tempo, esse tipo de questionamento ajudou a cultivar curiosidade e respeito, e gerou um aprendizado inestimável para todas as equipes e funções. Também evitou todo tipo de fofocas e conversas paralelas. Fiquei muito orgulhosa no dia em que ouvi um engenheiro comentar com um gestor de marketing, com evidente sinceridade: "Ouvi dizer que você gastou 7 milhões de dólares para adquirir clientes. Pode me contar como isso funciona?".

Demorou um pouco para os gestores recém-contratados se acostumarem com essa prática. Um sujeito com um excelente currículo se apresentou à sua equipe convocando uma reunião geral, da qual decidi participar. Quando ele começou a discursar sobre um problema em que estavam trabalhando arduamente, um dos engenheiros levantou a mão e disse: "Muito legal tê-lo aqui, e mal podemos esperar para aprender com você; mas acho que você precisa saber que estamos cientes desse problema e que estamos trabalhando duro para resolvê-lo". O novo gestor não tinha se dado ao trabalho de descobrir que a equipe havia, de fato, feito um progresso fenomenal. Quando saímos da reunião, o gestor virou para mim e disse: "Quem esse cara pensa que é? Como ele ousa falar comigo dessa maneira?". Expliquei que aquele era um de nossos melhores engenheiros e que cultivávamos a prática de perguntar às pessoas sobre a natureza dos problemas que estavam enfrentando, em vez de presumir que todos os compreendiam. A Netflix acabou sendo uma grande mudança de cultura para esse gestor e ele não ficou muito tempo na empresa.

O que era comum na Netflix era que as pessoas aprendiam a apreciar o hábito de perguntar.

Tenha opinião própria, e esteja certo na maioria das vezes

Pessoas com opiniões fortes não são um problema. Pelo contrário, é importante que as tenham e argumentem vigorosamente em sua defesa. Mas as opiniões devem ser sempre guiadas por fatos. Insistir que as decisões sejam tomadas com base em fatos não diminui a importância das opiniões; significa apenas que as pessoas precisam se esforçar bastante para garantir que sejam bem fundamentadas. Costumo dizer aos executivos: "Tenham uma opinião, tomem uma posição, estejam certos a maior parte do tempo". As opiniões só são úteis se as pessoas estão dispostas a se posicionar e defendê-las, argumentando com base em fatos. Um dos grandes perigos nos negócios são as pessoas que ganham as discussões graças a seus poderes de persuasão, e não aos méritos de seus argumentos. Tínhamos um funcionário que era fantástico na hora de defender suas opiniões. Quando ele falava, ficávamos em transe; ele era muito eloquente e convincente. Mas quase sempre estava errado.

Estabelecemos na Netflix um padrão segundo o qual as pessoas devem desenvolver suas opiniões investigando fatos e ouvindo com a mente aberta os argumentos – baseados em fatos – dos quais discordam. Isso decorreu do fato de a maioria dos primeiros funcionários ser matemáticos e engenheiros; eles viviam e respiravam o método científico, que consiste em descobrir fatos e depois ajustar sua compreensão do problema e a maneira de resolvê-lo. À medida que a empresa crescia, conscientemente cultivávamos essa obsessão pelo cientificismo e pelos fatos – na empresa toda, não só na engenharia. Não é preciso ter uma empresa fundamentada na engenharia para instilar amplamente essa ética.

Note que eu disse "fatos", não "dados". Nos últimos anos, as pessoas começaram a endeusar os dados, como se eles fossem a resposta, a verdade suprema. Uma falácia perigosa é dizer que os dados constituem os fatos de que você precisa para administrar seu negócio. Dados concretos são absolutamente vitais, é claro, mas também precisamos de conhecimento qualitativo e de opiniões bem formuladas, e precisamos que a equipe debata esse conhecimento e essas opiniões de forma aberta e entusiasmada.

Os dados não têm opinião

Eu adorava quando contratávamos alguém novo para o departamento de ciência de dados, especialmente nos primeiros dias. Todos tínhamos nossas próprias crenças sobre o comportamento dos clientes, que eles acabavam derrubando. No início, pensávamos sobre como o cliente se comportava com base em nós mesmos como clientes. Ficávamos discutindo: "Não é assim que eles fazem; não, não, *eu* não vejo conteúdo desse jeito". Depois, com a transição para o streaming, começamos a obter dados reais dos espectadores. Antes disso, sabíamos somente quais DVDs enviávamos às pessoas e quais elas colocavam na fila (o recurso agora esquecido que permitia às pessoas listar quantos itens desejassem para que fossem enviados assim que os DVDs voltassem ao estoque). De repente, passamos a poder verificar qual conteúdo era realmente visto com mais avidez. Quem poderia imaginar que as pessoas amavam programas como *Storage Wars* e *Swamp People*? A afluência de dados acabou com muitos de nossos velhos mitos.

Dados são ótimos; dados são poderosos. Adoro dados. Mas o problema é que as pessoas se tornam excessivamente apegadas a eles e, muitas vezes, os levam em consideração de uma maneira muito restrita, fora do contexto mais amplo do negócio. Elas acham que os dados são a resposta, e não a base para boas perguntas. Adoro uma distinção que

Ted Sarandos fez sobre como os dados são mais bem utilizados. Ele disse que as decisões de sua equipe de conteúdo eram informadas por dados, e não guiadas por dados. Quando a Netflix lançou *House of Cards*, muita atenção foi dada ao modo como a equipe de Ted tinha sido hábil no garimpo de dados de audiência da Netflix: chegou-se à conclusão de que a série agradaria sobretudo porque o astro era popular entre os espectadores, como havia acontecido com outro drama ambientado nos corredores do poder de Washington, *The West Wing*. Na realidade, embora os dados tenham sido de grande ajuda, outra coisa que pesou muito na decisão de lançar a série foi o fato de que o extraordinariamente talentoso David Fincher a estava desenvolvendo.

Ted salienta que os resultados da análise de dados complementam a tomada de decisão de sua equipe, mas sem dúvida não a determinam. Eles já viram que um projeto pode fracassar mesmo com o amparo de todos os tipos de dados. Lançar uma série ou um filme é uma decisão subjetiva. Quando a equipe decidiu lançar *Orange Is the New Black*, ignorou a norma que determinava que as séries precisavam ter roteiros bem desenvolvidos; não porque os dados disseram que a série seria um sucesso, e sim por causa da visão bem ponderada de sua criadora, Jenji Kohan. A série se baseia em um livro, e outros queriam desenvolvê-lo para a TV, mas havia a preocupação de que os espectadores não teriam empatia pelas prisioneiras e que uma prisão pudesse ser um cenário claustrofóbico. Kohan planejava expandir a narrativa para levar os telespectadores à vida das reclusas antes de serem mandadas para a prisão. Isso mostraria que muitas das mulheres que acabam em prisões de baixa segurança – como a autora do livro – estão longe de ser criminosas endurecidas, gerando mais solidariedade e envolvendo os espectadores nas histórias de vida delas.

A equipe de conteúdo sempre se surpreende com as reações à programação original; algumas séries fazem muito mais sucesso do que o esperado, e outras, o contrário. Para eles, esses dados das reações do telespectador não são um ponto final na decisão de como prosseguir com uma série, e sim um ponto de partida para questionar sua compreensão da reação. Se uma série fracassa, eles se perguntam se isso foi devido a uma falha criativa ou a uma questão de marketing ou posicionamento. Ted também aponta que os dados dos espectadores podem ter capacidade limitada de fornecer informações sobre o que as pessoas *gostariam* de assistir, se *pudessem*. Quando a Netflix começou a planejar sua globalização, o senso comum sobre o que os espectadores internacionais queriam assistir foi distorcido pelos dados globais das bilheterias. Os dados pareciam sugerir que os espectadores estrangeiros não estavam tão interessados em vários programas norte-americanos. O que esses dados não levavam em consideração é que em muitos países as pessoas tinham um acesso bastante limitado à programação norte-americana. Quando a Netflix disponibilizou grande parte dessa programação pela primeira vez, de modo geral, as pessoas correram para ver. Sobre o processo de criação de conteúdo de sua equipe, Ted diz: "Há muito de intuição em jogo, e para minha equipe procuro pessoas que sejam inteligentes o bastante para ler os dados e intuitivas o suficiente para saber como ignorá-los".

Ted também adverte que os dados podem ser usados como um escudo contra a responsabilidade por uma decisão tomada. As pessoas se sentem mais à vontade ao tomar decisões com base em dados concretos, em parte porque podem responsabilizá-los se a decisão se mostrar errada. Os pilotos de séries de TV são um ótimo exemplo disso. Como são testadas com os telespectadores, se uma série fracassa, a equipe de produção sempre pode dizer: "Bem, ela foi muito bem no teste". A equipe de Ted não segue o modelo de pilotos; eles produzem toda a temporada de uma só vez.

As pessoas também podem ser tendenciosas em relação aos dados que coletam. Todo mundo já viu que as pessoas tendem a privilegiar seus próprios dados em detrimento dos de outros. O marketing utiliza um conjunto de dados; a área de vendas, outro. Os dados são apenas um componente da solução de problemas. Mesmo que todo mundo, em todas as equipes, tenha os mesmos dados, é preciso que as pessoas desafiem umas às outras sobre aspectos do negócio que nenhuma planilha pode fornecer.

Cuidado com os dados que parecem ótimos, mas que não interessam

Como os engenheiros de software sabem que gosto deles, constantemente me procuram para que eu dê uma olhada nos novos produtos. Um deles queria que eu avaliasse um software novo e sofisticado de gestão de RH. Ele encheu o quadro branco inteiro com o mapa do software, um sistema elaborado que apresentava em cascata as metas, desde a presidência até os colaboradores individuais. Todos esses dados eram inseridos no software, e, em seguida, era feita uma avaliação intensa dos funcionários, que levava duas horas, com um facilitador para cada um, a fim de preencher todos os campos para um gigantesco banco de dados relacionais. Eu o interrompi e disse: "Posso fazer uma observação? Quer dizer que eu preciso contratar alguém da sua empresa para se sentar com cada funcionário meu por duas horas para preencher esse formulário" – era on-line, mas essencialmente um formulário – "e, com todas essas metas, ele vai cuspir um algoritmo e vai me dar o quê?". "Bem", ele respondeu, "o RH finalmente terá dados." "E o que eles farão com esses dados?", perguntei. "Bem, eles finalmente terão os dados!", respondeu ele. *O quê?!*, eu pensei. Por que alguém deveria gastar tanto tempo e dinheiro só para criar dados?

Um dos maiores erros é focar em métricas que não interessam. Vejamos o RH e sua obsessão pela retenção dos funcionários. O RH é o departamento que deve cuidar do bem-estar das pessoas, e, supostamente, a principal medida disso é a retenção. No entanto, 50% das tarefas do RH é dizer adeus às pessoas.

Eu estava recentemente prestando consultoria a uma equipe executiva, e o diretor de RH me contou que eles estavam preocupados com a retenção de funcionários, porque todo mundo pedia demissão por causa de benefícios melhores ou salários maiores. Perguntei: "Como você sabe que isso é verdade?". Segundo minha experiência, os melhores profissionais não são persuadidos por benefícios. Mas eu também questiono se a rotatividade é um problema tão grande assim. Depende do contexto. Se você estiver desenvolvendo um projeto que é um trabalho de três a quatro anos, que exige muito esforço de muita gente, cujo ciclo de treinamento e assimilação é bastante longo, você definitivamente vai querer que as pessoas continuem engajadas por todo esse tempo. Mas, mesmo assim, a maneira de manter os funcionários engajados é contratar pessoas realmente interessadas no tipo de problema para o qual você está contratando, que tenham um histórico – ou a tendência – de trabalhar nas coisas por muito tempo. Você não precisa lhes oferecer quatro tipos de água saborizada e cabines para dormir. Com frequência, as empresas têm necessidades de muito curto prazo, e, quando uma tarefa é concluída, é melhor tanto para a empresa quanto para os funcionários que eles saibam que está na hora de procurar outro emprego. Vamos falar disso mais adiante.

Outro grande erro em relação às métricas é pensar que são fixas. Elas devem ser fluidas, constantemente revisitadas e questionadas. É aqui que entra um vigoroso debate.

Debata apenas em função do seu negócio e dos clientes

Nossos debates na Netflix muitas vezes esquentavam, mas, em geral, não eram mesquinhos nem contraproducentes, porque o padrão que havíamos estabelecido dizia que, essencialmente, a questão sempre era servir ao negócio e aos clientes.

Uma das piores coisas no serviço aos clientes e, portanto, no serviço à própria lucratividade da empresa, é ser negligente no questionamento intenso daquilo que os dados nos estão dizendo. É frequente que uma empresa precise escolher entre duas alternativas para atender às necessidades e preferências dos clientes, ambas com fortes argumentos baseados em dados. Decidir requer tino para complementar os dados. Um ótimo mecanismo que criamos para manter o foco nos clientes e assegurar um debate rigoroso e aberto para tais decisões difíceis foi um fórum mensal, o Consumer Science Meeting. O nome era um chavão da ciência da computação, uma maneira de dizer que, embora fôssemos absolutamente inovadores na análise de dados intensivos, nossa computação estava totalmente voltada para agradar aos clientes. Reed e nossos diretores de marketing e produto sempre compareciam, e membros da equipe de conteúdo com frequência vinham de Los Angeles. Eu quase sempre ia porque era uma reunião fantástica em termos de informação, ajudando-me a ficar a par da vanguarda do desenvolvimento de negócios.

O objetivo da reunião era apresentar os resultados de todos os testes com os consumidores que havíamos feito no mês anterior e os argumentos para os testes planejados para o mês atual. Os funcionários que haviam criado e aplicado os testes faziam as apresentações, e o papel dos executivos era interrogá-los profundamente sobre os resultados e os fundamentos para os próximos testes. Certa vez, um dos alvos das perguntas foi Steve McLendon, que havia começado na Netflix no marketing impresso e fora promovido a várias funções dentro da área de marketing que envolvia testes. Por fim, ele foi para a área de inovação de produtos como diretor, uma conquista extraordinária. Steve me disse que, quando entrou na Netflix, se sentia um peixe fora d'água. Ele não tinha experiência com nada parecido que tivesse a mesma intensidade de nosso negócio. Ele vendia espaço publicitário para um pequeno jornal impresso em Santa Cruz e, no início, era encarregado de nossos anúncios impressos, algo sem dúvida arcaico em comparação com a florescente fronteira da segmentação on-line. Steve também é um sujeito naturalmente descontraído. Fiquei curiosa para ouvir suas reflexões sobre o bombardeio de perguntas que sofreu na Consumer Science Meeting, e ele não hesitou em dizer que foi muito estressante. Mas, para ele, o principal era que "você aprende a pensar nas coisas de um jeito estruturado, antecipa o tipo de perguntas que vai receber e fundamenta seus argumentos o máximo possível". Segundo Steve, como os diretores de marketing e de produto estavam presentes, ele aprendeu também a pensar muito melhor sob ambas as perspectivas.

Todas as intensas discordâncias que tivemos sobre o atendimento aos clientes chegaram à Consumer Science Meeting. Nosso debate destacava que ninguém, por mais experiente ou de alto nível que fosse, era capaz de entender completamente as necessidades e os desejos dos clientes apenas com base em sua experiência ou brilhantismo.

Realizamos testes com frequência, sempre com expectativas bem diferentes em relação aos possíveis resultados. Um dos testes mais inflamados foi sobre o recurso da fila, que já mencionamos anteriormente. Nossos dados mostravam com clareza que os clientes *adoravam* a fila. Ela foi um grande construtor da marca, além de ter impulsionado a lealdade do cliente. Mas, quando mudamos para o streaming, não precisávamos mais da fila; todas as pessoas que quisessem determinado conteúdo podiam vê-lo ao mesmo tempo. Devíamos acabar com a amada fila? As opiniões foram fortemente divididas.

Levamos o debate aos dados. Pesquisas com clientes mostravam que um segmento relativamente pequeno queria muito manter a fila. Porém, os testes A/B mostraram que não houve diferença significativa na retenção de clientes ou no número de filmes ou séries assistidos ou em nenhuma outra medida de satisfação do cliente. Decidimos acabar com ela porque isso liberaria capacidade no sistema para melhorar a qualidade de nosso streaming. Após alguns protestos iniciais de uma minoria de fãs fervorosos, a mudança foi aceita.

Steve McLendon recordou outro resultado ilógico de um teste: sobre o processo de cadastro do cliente. As descobertas o surpreenderam. Nós testávamos o processo constantemente, mas esse teste foi bastante polêmico. A hipótese era de que poderíamos aumentar o número de pessoas cadastradas para um *free trial* – as quais poderiam se tornar clientes posteriormente – se eliminássemos a resistência à inscrição inicial não exigindo que fornecessem as informações de seu cartão de crédito. Steve tinha certeza de que as assinaturas aumentariam drasticamente, mas os resultados foram terríveis: elas caíram pela metade. Ele ficou tão surpreso que quis fazer o teste de novo. Discutindo o resultado, percebemos que, ironicamente, ao tentar eliminar a resistência, efetivamente criamos dificuldades ao forçar as pessoas a passar por um processo de inscrição duas vezes.

Conquiste uma reputação de altruísmo

O alto escalão sempre me fala das guerras virtuais que acontecem entre diretores de departamento. Eles não conseguem conceber a possibilidade de conduzir um debate aberto sobre os principais assuntos corporativos sem que se transformem em disputas contraproducentes, ou até mesmo em uma batalha interna. Bem, é verdade que, se você e eu discordarmos de alguma coisa e tivermos uma briga prolongada, e se eu achar que você está brigando por causa de seu ego, de seu departamento ou de sua ideia favorita, vou pensar em uma maneira inteligente de me livrar de você. Mas se eu acreditar que você está lutando pelo bem da empresa (o bem da empresa, nesse caso, é fazer o que é certo para o cliente), estarei mais disposta a ouvi-lo. Na Consumer Science Meeting, devido à natureza humana, muitas vezes as pessoas soltavam uma ladainha de opiniões, defendendo seus argumentos só por defender, mas alguém sempre se manifestava e dizia: "E como exatamente isso ajuda o cliente?". Então retomávamos o foco.

Outra maneira de estabelecer que você está sendo altruísta em seus argumentos é reconhecer avidamente as contribuições dos outros para a solução dos problemas. Reed também era um bom exemplo disso. John Ciancutti relembra um caso particularmente revelador. Na época dos DVDs, a fila era necessária, entre outras razões, porque administrar o estoque e entregar os discos rapidamente aos clientes era uma tarefa absurdamente difícil. Milhões de filmes entravam e saíam todos os dias; entregávamos mais itens que a Amazon – e, é claro, tivemos que desenvolver a capacidade não apenas de enviá-los, mas também de recuperá-los e enviá-los de novo com rapidez. Havia um problema específico, que era que certos títulos tendiam a se acumular desproporcionalmente em diferentes centros de distribuição, e John propôs uma ideia para resolver esse problema. "Eu tinha uma teoria acerca do motivo dos acúmulos", relembra, "e insisti algumas vezes nela, mas ninguém me deu bola. Tentamos todo o resto, e, em uma reunião, muito tempo depois, Reed ergueu as mãos em desespero e disse: 'Bem, vamos tentar a ideia de Ciancutti'. Eu levantei os olhos e perguntei: 'Que ideia?'. Eu realmente tinha esquecido. Mas Reed se lembrava." A equipe a testou e funcionou. Reed tinha ouvido atentamente a ideia de John a ponto de internalizá-la, e ainda conseguia se lembrar dela mesmo depois que seu criador já a havia esquecido. Como John disse: "Esse é o tipo de respeito que ele dava às pessoas. Ele prestou atenção naquela ideia que ninguém achou boa".

Essa história também destaca que, mesmo em um debate ávido e altruísta, às vezes as boas ideias são derrubadas. Essa é outra razão pela qual é tão importante que as pessoas reconheçam que mesmo os argumentos mais convincentes e baseados em fatos podem estar errados, e que "baseado em fatos" não é sinônimo de "verdadeiro". Também ressalta a importância de rever as conclusões. Muitas vezes, as conclusões que pensávamos ter debatido até a morte precisavam ser revisitadas e debatidas de novo.

Orquestre os debates que você deseja

A certa altura, na Netflix, houve um grande desentendimento entre o diretor de marketing e o de conteúdo sobre o que pensávamos a respeito de nossos clientes. Aquilo estava se transformando em uma verdadeira briga, porque os dois executivos estavam muito convictos de suas opiniões e ambos tinham bons argumentos para elas. Então, Reed fez uma coisa linda. Organizou um debate entre os dois, no palco, cadeiras frente a frente, diante do resto da equipe executiva. E a brilhante reviravolta foi que cada um deveria defender o lado do outro. Para se preparar para isso, eles tiveram que entrar na pele do outro.

Reed fez desse estilo de debate formal uma prática regular para a equipe de desenvolvimento de produtos. Uma vez por mês, ele organizava uma reunião no auditório da Netflix, com todos sentados em bancos, como num fórum. Com antecedência, ele pedia a algumas pessoas que se preparassem para defender lados diferentes de uma questão. Eric Colson recorda que "eram casos muito bem argumentados, e nós ficávamos sentados ali pensando: *Sim, devíamos fazer isso.* E então Reed dizia: 'Ok, Fulano, qual é o seu contra-argumento?'. E então concordávamos com a cabeça, pensando: '*Sim, nós definitivamente precisamos fazer isso!*'. Você aprende que as questões difíceis nunca são unilaterais".

Nessa reunião, a equipe também se dividia em pequenos grupos de três ou quatro para debater abordagens de um problema e depois apresentar soluções; os especialistas no tema a ser discutido ficavam espalhados para não influenciar indevidamente as opiniões nem fazer as pessoas terem receio de se manifestar. Essa divisão em grupos menores trouxe vários benefícios. Reduziu o pensamento grupal – que tende a prevalecer em grupos maiores – e obrigou todo mundo a falar, porque, em um grupo pequeno, ficar calado torna-se flagrantemente visível. Também permitiu que pessoas de diferentes áreas conhecessem a personalidade e o jeito de pensar umas das outras. Além disso, ajudou a combater o perigo da expertise. Como Eric disse: "A desvantagem dos especialistas é que estão cientes demais das restrições atuais. Uma pessoa com um olhar novo às vezes consegue contornar restrições, quase por ignorância".

Você pode orquestrar ótimas conversas se dedicar um pouco de tempo para estruturá-las corretamente e deixar claro que todo mundo está buscando a melhor resposta para o cliente e a empresa, que ninguém está discutindo apenas para vencer. Para isso, é preciso definir o contexto:

ser claro sobre o que o grupo vai decidir e o motivo da conversa. Se a discussão se desviar, ou se alguém ficar obstinadamente insistindo em algo, você pode intervir: "Que problema estamos tentando resolver aqui?". Ou "O que o leva a acreditar que isso é verdade?".

Uma das melhores maneiras de garantir que os debates sigam esses padrões e mantenham a civilidade é encená-los na frente de um grupo. Os executivos em geral mantêm suas divergências entre si, mas essas diferenças de opinião podem ser a coisa mais importante para as pessoas que estão nos níveis hierárquicos inferiores, que podem pesar os prós e os contras e entender o assunto. Organizar debates formais também serve de modelo para como organizar bons debates. É claro que isso pode ser difícil para as pessoas; elas vão perder o dia, e não é fácil debater diante de uma multidão, que dirá diante de pessoas muito inteligentes e extremamente talentosas na resolução de problemas e na gestão dos fatos. Mas, com o tempo, todo mundo percebe que sempre sobrevive, e, em geral, a melhor decisão é tomada.

Além do mais, não há melhor oportunidade para os funcionários aprenderem e crescerem do que assistir a debates e participar de disputas sobre os problemas mais prementes que o negócio enfrenta – e com as melhores mentes da empresa e os especialistas mais qualificados. É uma maneira de mostrar às pessoas o que é excelência, como é um bom argumento e o que é necessário para apresentar um caso sólido. Também é uma ótima maneira de descobrir quem são seus funcionários mais talentosos.

No Culture Deck, escrevemos que uma das principais qualidades procuradas nas pessoas que contratávamos e promovíamos era o bom senso, definido, essencialmente, como a capacidade de tomar boas decisões em condições ambíguas, de se aprofundar nas causas dos problemas e de pensar estrategicamente, articulando seu pensamento. Nada poderia aprimorar mais essas habilidades que esse tipo de debate aberto e vigoroso, que também desenvolve outra das grandes competências que procurávamos: coragem. As pessoas se sentem encorajadas a falar quando veem que seus pontos de vista serão ouvidos e que podem fazer a diferença de verdade.

Steve McLendon recorda outro importante benefício do debate aberto: os funcionários mais jovens (os irritantes millennials), que tantos gestores consideram tão desafiadores, são atraídos por essa transparência e esse incentivo para fazer perguntas como se fossem mariposas em busca de luz. Steve saiu da Netflix e agora é cofundador da 60dB, uma startup que transmite conteúdo de áudio personalizado, onde atua com John Ciancutti, também ex-Netflix, e Steve Henn, ex-apresentador do programa *Planet Money*, da NPR. Depois de deixarem a Netflix, Steve McLendon e John Ciancutti encontraram resistência de executivos de outras empresas para instituir nossa abordagem sobre questionamento e debate abertos. O mesmo acontece com outros ex-funcionários da Netflix (por exemplo, fui chamada para dar consultoria ao CEO de uma empresa que havia contratado dois ex-funcionários da Netflix; ele não conseguia conter sua irritação diante do questionamento deles, e gritou comigo: "Esse maldito pessoal da Netflix quer saber tudo! Isso não é da conta deles, porra!"). Em determinada empresa, chegaram a orientar Steve a não discutir na frente dos funcionários porque "é como ver seus pais brigando". Mas, como ele disse, "a cultura da Netflix é muito melhor para gerir funcionários jovens que o velho estilo de cima para baixo". Ele contratou muitos jovens, como as startups em geral fazem, e descobriu que eles estão ansiosos para aprender sobre os negócios e que a transparência de fato é importante para eles. Os jovens são o futuro, e é do interesse de todos os líderes empresariais descobrir como capitalizar essa sede de conhecimento.

Já alertei antes sobre o valor limitado das práticas formais de desenvolvimento de funcionários, como cursos de resolução de conflitos e de gestão. Simplesmente não há comparação entre o que os funcionários podem aprender com esses cursos e o que vão ganhar com a participação em debates sobre decisões de negócios. Pergunte a qualquer funcionário de sua empresa se prefere passar um dia em um seminário sobre negociação ou fazer, impunemente, uma pergunta difícil – mas justa – a um gestor de alto escalão em uma grande reunião da empresa, ou, ainda, participar de um debate sério com seus gestores sobre determinado problema que o funcionário foi incumbido de resolver. Garanto que ninguém, mas ninguém mesmo, vai escolher o seminário.

Em resumo

- O debate aberto e intenso sobre as decisões do negócio é algo emocionante para as equipes, e diante da oportunidade de participar dessas discussões elas vão oferecer o melhor de seus poderes analíticos.

- Defina de forma clara os termos do debate. As pessoas devem formular opiniões fortes e estar preparadas para defendê-las, e os argumentos precisam se basear em fatos, não em conjecturas.
- Instrua as pessoas a pedir explicações sobre os pontos de vista das outras e sobre os problemas que estão sendo debatidos, em vez de fazer suposições.
- Seja altruísta ao debater. Isso significa estar de fato preparado para perder e admiti-lo abertamente.
- Orquestre debates. Você pode inclusive organizar eventos em que as pessoas apresentem casos de maneira formal, talvez até subindo ao palco. Tente fazer com que as pessoas defendam o lado oposto, encontrando falhas em sua própria posição. Debates formais, para os quais as pessoas se preparam, em geral levam a grandes revelações.
- Cuidado com os dados que se disfarçam de fatos; os dados só são bons quando permitem que conclusões sejam obtidas a partir deles. As pessoas são atraídas pelos dados que dão suporte a suas ideias. Faça seus dados seguirem padrões científicos rigorosos.
- Os debates em grupos menores costumam ser melhores porque todos se sentem mais livres para contribuir – e fica mais perceptível quando não o fazem. Grupos menores também são menos propensos a ter pensamentos grupais.

PERGUNTAS PARA REFLEXÃO

- Em que problema sua equipe está trabalhando, ou que decisão você tomou, sobre a qual poderia organizar um debate formal?
- Depois de determinar que as pessoas devem defender suas opiniões com base em fatos, você está preparado para admitir que alguém de sua equipe fez uma argumentação mais forte que a sua?
- Existem membros de sua equipe obstinados sobre as próprias opiniões a respeito de um problema e a quem você poderia pedir para defender a perspectiva do outro lado em um debate diante de sua equipe?
- Em que medida sua equipe está preparada para conduzir testes formais de ideias e obter os dados necessários para chegar a conclusões fortes? Você tem como fornecer a seus funcionários acesso a ferramentas que eles talvez não tenham?
- Como você pode ajudar seu pessoal a considerar dados além das informações que lhes são familiares e que sabem interpretar? Que ideias preconcebidas os membros de sua equipe – e você – têm sobre os dados que precisam ser considerados e suas interpretações?
- Você poderia convidar membros mais jovens de sua equipe, e talvez de outras equipes, para ouvir alguns debates? Você – ou o gestor direto deles – poderia instruí-los sobre como participar?

- Que tal estabelecer um fórum regular para a apresentação de argumentos sobre as principais decisões e sobre as melhores maneiras de resolver os problemas em que sua equipe está trabalhando?

5

Construa *agora* a empresa onde você vai querer estar *no futuro*

Foque no que está por vir, incansavelmente

Enquanto discutia o desempenho das forças armadas durante a guerra do Iraque, Donald Rumsfeld, secretário de Defesa da época, disse: "Você entra em guerra com o exército que tem, não com o exército que quer ou que deseja ter mais tarde". Quando converso com os gestores sobre a criação de grandes equipes, digo a eles para abordar o processo exatamente da maneira oposta. Você precisa contratar *agora* a equipe que deseja ter no futuro.

Muitos líderes são excelentes em prever o futuro do desenvolvimento de produtos e da concorrência. Eles trabalham duro para avaliar qual será a demanda do mercado e se concentram intensamente em obter o produto certo e lançá-lo no mercado no momento certo. Mas acho que eles raramente olham para o futuro pensando na equipe de que vão precisar. Eles tendem a focar no que a equipe atual está fazendo e em quanto mais pode fazer. E, se pensam na equipe futura, em geral o fazem mais em termos de números absolutos: *precisamos de mais dez engenheiros* ou *precisamos dobrar nossa equipe de vendas.*

Recentemente, recebi uma ligação de um CEO cuja empresa agora emprega 150 pessoas. Ele me disse que precisa passar a ter 300 funcionários e pediu meu conselho para chegar a esse número. É uma empresa fantástica, com um ótimo produto, e ele me contou que tem um bom financiamento. Tenho certeza de que eles vão crescer depressa, mas *como* vão crescer é a questão. Respondi: "Esse é um número bem exato; em que ele se baseia?". O CEO me disse que eles fariam o dobro de trabalho. Perguntei se os novos funcionários fariam o mesmo tipo de trabalho que a equipe atual, ou se poderia haver coisas novas a ser feitas. Talvez eles estivessem lançando uma nova linha de produtos? Se as equipes iam ficar maiores, não iam precisar de gestores mais experientes? Ou queriam manter as equipes menores e uma estrutura de gestão mais horizontal? O dobro de trabalho significava que alcançariam o dobro de clientes? Nesse caso, precisariam aumentar bastante o atendimento ao cliente. Mas isso não necessariamente implicaria a contratação do dobro de funcionários para a área, talvez terceirizar para uma empresa especializada seria melhor. Depois, fiz a pergunta que considero a mais instigante nessas consultorias. Ele havia dito que precisava de 150 novos funcionários, então, perguntei: "Tem certeza de que não prefere 75 funcionários que ganhem o dobro porque têm o dobro de experiência e podem ter uma performance melhor?".

Não deixe que a contratação se torne um jogo de números

Se você não praticar constantemente o exercício de prever o futuro e a equipe de que vai precisar, seus líderes de equipe inevitavelmente vão acabar em uma competição de soma zero por funcionários. Veja como isso costuma acontecer, de acordo com a minha experiência.

Um diretor de departamento me liga e solicita aprovação para contratar mais pessoas. Eu respondo: "Tudo bem, elabore uma proposta e vamos discutir o assunto". Dez minutos depois, ele está na minha sala dizendo: "Acho que você não entendeu. Preciso falar com o financeiro agora, porque precisamos de mais 15 pessoas na minha área, senão, simplesmente não vamos dar conta. Precisamos delas, vamos exigi-las e queremos consegui-las agora!".

"Certo, ótimo. Quinze pessoas a mais, a 150 mil dólares anuais cada. Isso dá um milhão de dólares, dinheiro que não está previsto em seu orçamento. Só para esclarecer, não temos uma árvore de dinheiro, de modo que não podemos simplesmente colher um milhão de dólares. Vamos ter que tirar de outra equipe. Você está pedindo 15 pessoas quando na verdade só precisa de meia dúzia?"

Não sei dizer quantas vezes analisei as projeções das pessoas e descobri que tinham solicitado verba para 10% ou 15% a mais de contratações do que acabaram fazendo.

Por outro lado, existe o problema de precisar contratar gente rapidamente, porque você é pego de surpresa. Tenho que dizer o tempo todo aos gestores: "Vamos dar uma olhada no pessoal que você contratou no ano passado. Foram 20 pessoas em um trimestre, e cinco foram a escolha errada para o cargo porque você estava com pressa". Outras vezes, eles eram muito exigentes, mas não tinham uma boa fonte de possíveis contratações, de modo que não conseguimos encontrar pessoas boas o bastante a tempo, e tivemos que adiar um projeto. Construir a estrutura para contratar pessoas excelentes é uma enorme vantagem competitiva.

Não espere que sua equipe atual seja sua equipe de amanhã

Outro erro que sempre vejo na formação de equipes é achar que os funcionários atuais podem assumir as responsabilidades do futuro. Esse é um problema especialmente significativo para as startups, porque os fundadores em geral têm um forte senso de lealdade para com o time inicial. Quando dou consultoria para fundadores de startups, é comum ter que dizer a eles que muitos de seus funcionários não serão competentes na nova ordem mundial em que estão entrando à medida que crescem. Em geral, eles respondem: "Mas eu gosto deles, são esforçados e excelentes!". Mas a questão é: eles são capazes de fazer o trabalho em escala maior? Você vai precisar deles para fazer amanhã o mesmo trabalho que fazem agora? Qual é seu plano para eles?

Embora o problema seja mais grave para as startups, isso acontece em todos os tipos de empresa, não importa quão maduras sejam. Com o ritmo acelerado de inovação nos negócios hoje em dia, ninguém pode se dar ao luxo de cometer esse erro.

Aprendi essa lição da maneira mais difícil na Netflix. Quando subitamente percebemos que, dentro em um ano, precisaríamos lidar com um tráfego equivalente a um terço da internet dos Estados Unidos naquele momento, tivemos que começar imediatamente a formular um novo plano para aumentar nossa capacidade de dados.

Logo após uma reunião sobre isso, nosso diretor de produto disse que precisávamos conversar naquele instante com TI sobre criar um serviço em nuvem. O pessoal de TI simplesmente respondeu: "Vocês podem fazer o trabalho executivo de vocês que nós vamos construir essa nuvem. Nós podemos fazer isso". E eu disse: "Para ser honesta, se existe alguém que pode fazer isso, são vocês, mas não em nove meses".

Reconhecer o que a restrição de tempo significava em termos da equipe necessária foi crucial. Isso se tornou um debate realmente importante na empresa, e logo nos demos conta de que precisaríamos de uma equipe de dados significativamente diferente daquela que tínhamos. Mas o mais legal foi que pude dizer: "Tudo bem, temos de seis a nove meses para encontrá-los". E conseguimos. Reunimos pessoas com uma experiência fantástica em operações na nuvem e fizemos um acordo com o Amazon Cloud Services, em vez de tentar criar nosso próprio sistema.

De acordo com minha experiência, uma das perguntas mais importantes que os líderes empresariais precisam se fazer regularmente é: "Será que somos limitados pelo fato de que a equipe que temos não é a que *deveríamos* ter?".

Daqui a seis meses...

Ao longo do tempo, desenvolvi um método para enfrentar esse desafio, que compartilho com todas as empresas que me contratam para dar consultoria. Imagine-se daqui a seis meses; você tem a equipe mais incrível que já montou e está dizendo a si mesmo: *Uau, esses caras são incríveis! Não acredito no que eles estão realizando.* (Digo daqui a seis meses porque isso é o máximo de projeção que alguém pode fazer em qualquer empresa nos dias de hoje.)

Primeiro, anote o que a equipe estará realizando em seis meses que não está realizando agora. Use quantos dígitos desejar. Você pode dizer que ela estará gerando X dólares a mais de receita, que o software será menos complicado, que fará um balanço em quatro dias, o que for. Pense nisso como um filme que passa na sua cabeça: você está andando pela empresa vendo essa equipe incrível realizar essas coisas incríveis. Pode ser que estejam trabalhando no protótipo de um produto novo; talvez você esteja andando pelo seu depósito novinho em folha, e as pessoas estejam comprando o dobro de produtos com a mais recente tecnologia inteligente. Agora, o mais importante, pense em como as coisas serão feitas de um jeito diferente de como são realizadas atualmente. As pessoas fazem mais reuniões ou menos? Têm debates calorosos? Tomam decisões mais rápido? Quem toma as decisões? Quem não toma? As pessoas estão trabalhando mais em silêncio, de cabeça baixa, em seu espaço, ou estão rabiscando como loucas em quadros brancos diante de grupos? Trabalham de maneira mais interfuncional? Resolvem os problemas de forma mais colaborativa?

Quando faço esse exercício com meus clientes, peço para fecharem os olhos, e é como se eu pudesse vê-los andando pela empresa. Então digo: "OK, para que essas coisas diferentes aconteçam, o que as pessoas precisam saber fazer?". Pode ser algo simples, como expressar a própria opinião, debatê-la e ganhar a discussão. Ou talvez seja calar a boca e ouvir. Ou, então, ser mais disciplinado na comunicação. Talvez você precise de pessoas que possam lançar uma nova linha de dispositivos ou que saibam negociar certo tipo de acordo. Que tipo de habilidades e experiência são necessárias para que a equipe opere da maneira que você está imaginando e faça as coisas que vai precisar que façam nesse futuro?

Esse exercício em geral expõe problemas de agilidade em relação às mudanças futuras, muitas vezes mudanças que estão se aproximando depressa. Sua equipe pode não ter as habilidades certas. Ou talvez você não tenha pessoas com as habilidades sociais ou a experiência certa para ser boas gestoras. Uma pergunta essencial é: você tem formadores de capacidade suficientes? Estou me referindo a pessoas que sabem como formar uma ótima equipe. Contratar grandes formadores de capacidade foi uma das minhas principais missões na Netflix. Se fizer isso, eles vão dizer de que equipes você precisa e vão formá-las quando forem necessárias.

Acho que a maioria dos gestores, em todos os níveis, pode facilmente imaginar as mudanças operacionais e administrativas envolvidas na duplicação, talvez até triplicação, de tamanho. Aqueles que têm uma aptidão excepcional para entender a complexidade podem até imaginar um desenvolvimento de escala maior para seus negócios. Mas e se o tamanho de suas operações for aumentar dez vezes no próximo ano e você tiver uma equipe que passou apenas por um pequeno crescimento? Provavelmente as pessoas não saberão como chegar lá a tempo. Você vai precisar de pessoas que possam gerir o crescimento na proporção que espera. E se você estiver evoluindo para um novo modelo de negócios?

Depois de se fazer essas perguntas – e somente depois disso –, observe a equipe que tem. Isso vai ajudá-lo a enxergar as habilidades e a experiência deles com mais precisão. Você terá mais ciência do que eles não sabem fazer, ou do que não fazem bem, e verá para que áreas precisa atrair pessoas com as melhores performances – áreas onde não as tem ou não tem o suficiente.

O principal problema é que a maioria das pessoas começa com a equipe que tem, pensando: *Vamos fazer mais e seremos incríveis*. A questão é que se você começa com a equipe que tem, com certeza poderá fazer mais, mas não será necessariamente incrível. Monte a equipe ideal tendo em mente sua visão do futuro. Identifique o problema que deseja resolver, o prazo em que deseja resolvê-lo, os tipos de pessoa que serão bem-sucedidas nisso e o que precisam saber fazer. Depois, pergunte a si mesmo: *O que precisamos fazer para estar prontos e aptos, e quem precisamos contratar?*

Você está formando uma equipe, não uma família

Enquanto Reed e eu trabalhávamos para esclarecer que tipo de cultura precisávamos construir para possibilitar a velocidade de mudança necessária, percebemos que era importante que todos entendessem que as equipes tinham de estar em constante evolução. Para discutir isso, decidimos usar uma metáfora: a empresa é como um time, não uma família. Assim como grandes times estão constantemente procurando novos jogadores e escalando outros, nossos líderes de equipe precisam estar continuamente em busca de talentos e reconfigurando a composição do time. Estabelecemos a seguinte regra: que as decisões deles sobre quem contratar e quem demitir fossem tomadas com base no desempenho que as equipes precisavam ter para que a empresa fosse bem-sucedida. Se treinar as pessoas e prepará-las para assumir novos cargos fosse a melhor opção, apoiávamos totalmente e ajudávamos os gestores a aprender essas habilidades. Também queríamos que eles avaliassem com cuidado se a melhor opção não seria contratar gente nova de alta performance, com as habilidades necessárias, mesmo que isso significasse que os membros atuais da equipe teriam que sair da empresa.

Treinar bem e identificar o potencial de crescimento são habilidades vitais para os líderes de equipe. Eu estava sempre procurando talentos escondidos nas pessoas, que nos permitissem lhes dar a oportunidade de crescer, e incentivava todos os nossos líderes de equipe a fazer o mesmo. Às vezes, esses talentos eram óbvios, mas muitas vezes não, nem mesmo para os próprios funcionários.

Eu notei que Rochelle King, por exemplo, tinha um grande talento, do qual precisávamos muito, e que ela mesma não reconhecia por completo. Ela tinha experiência como designer e como gestora de designers, e foi originalmente contratada para gerir a equipe dessa área quando precisávamos de ajuda. Rochelle deixou o time em excelente forma incrivelmente rápido, e eu vi que ela tinha a capacidade de assumir uma equipe disfuncional e fazê-la funcionar muito bem. Assim, nove meses depois de sua contratação, pedimos que ela liderasse mais duas equipes, uma de metadados aprimorados e outra de operações de conteúdo. Eram duas equipes grandes, e ela não tinha experiência nessas áreas. Rochelle me disse: "Você sabe que eu nunca coordenei equipes como essas antes, não é?". Mas eu estava confiante, sabia que ela faria um ótimo trabalho, e foi o que aconteceu. Ainda assim, nós duas estávamos cientes de que era um risco para Rochelle assumir o cargo, e fomos honestas sobre isso.

Quando conversei com Eric Colson, ele recordou que certa vez Reed lhe ofereceu um grande cargo novo – coordenar a equipe de dados gerais –, que tinha sido recusado três vezes antes de ele finalmente aceitar. Eric escrevia algoritmos para melhorar nossos sistemas operacionais e arrasava nesse cargo. A nova posição era uma coisa totalmente diferente; ele ia liderar uma grande equipe e se reportar diretamente a Reed. Ele não se considerava pronto para isso, mas Reed tinha certeza de que Eric poderia ser ótimo no cargo. E Eric prosperou.

Promover pessoas lhes dá oportunidades de se expandir e assumir novos papéis. Pode ser ideal, mas nem sempre é a melhor opção. Dizíamos aos líderes de equipe que era importante ser realista quanto ao tipo de melhoria de desempenho de que as pessoas eram capazes, e se isso poderia ser alcançado no tempo necessário.

Tínhamos uma regra de ouro para promover funcionários ou trazer especialistas de fora: o trabalho a ser feito exigia conhecimentos que ninguém da empresa tinha ou era em uma área em que estávamos na vanguarda da inovação? Em relação aos serviços em nuvem, havia gente mais experiente fora da empresa, por isso era muito mais eficaz contratar pessoas. Já em relação ao desenvolvimento de algoritmos de dados, estávamos na vanguarda da inovação, e vimos que tínhamos em Eric um talento de primeira linha. Com outros cargos, se não tivéssemos contratado talentos de fora, quase com certeza teríamos tropeçado.

Às vezes, promover não é a solução certa

Quando presto consultoria a líderes de empresa e seus gestores de equipe, provavelmente o conselho mais difícil de aceitarem é que eles não devem nada a seus funcionários além de garantir que a empresa produza um ótimo produto que atenda ao cliente bem e no prazo. Eles não devem às pessoas a chance de assumir um cargo para o qual não estão preparadas e para o qual não têm talento.

Eles não lhes devem um cargo diferente, criado para recompensá-los por seus serviços. E com certeza não devem aos funcionários impedir que a empresa faça as mudanças necessárias para prosperar. Sei que isso pode parecer duro, porque existe uma ideia profundamente arraigada de que as empresas devem fazer investimentos especiais no desenvolvimento de pessoas, oferecer caminhos para a promoção e se esforçar para obter altas taxas de retenção. Mas eu acredito que esse pensamento está ultrapassado e não é a melhor abordagem para os funcionários. Em geral, isso leva as pessoas a ficar presas em empregos que não querem de verdade, ou em trabalhos que não estão fazendo tão bem quanto desejariam – ou quanto você necessita –, em vez de sair em busca de oportunidades melhores.

Promover as pessoas e treiná-las para novos cargos pode ser extremamente gratificante para os líderes de equipe e ótimo para o desempenho. Mas promover e desenvolver pessoas em geral não é a melhor coisa para o desempenho da equipe. Gestores não devem ser planejadores de carreira. No ambiente de negócios veloz de hoje, tentar desempenhar esse papel pode ser perigoso.

Na Netflix, quando entrevistávamos pessoas, dizíamos que não éramos uma empresa de gestão de carreira, que acreditávamos que gerir uma carreira era papel delas, e que, embora houvesse muitas possibilidades para crescer na empresa, não criaríamos oportunidades especiais para elas. Muitas vezes, as empresas dão às pessoas metade do trabalho que precisa ser feito, porque a pessoa não consegue fazer tudo. Percebi que não podíamos fazer isso.

Precisávamos de pessoas que pudessem fazer todo o seu trabalho. Também estávamos determinados a não cometer o erro incrivelmente comum de promover para funções de gestão pessoas de alta performance que não são adequadas para esse tipo de cargo.

Em alguns períodos de crescimento das empresas, há diversas oportunidades de promoção para os funcionários. Mas, muitas vezes, simplesmente não há cargos legítimos para as pessoas, nem mesmo para pessoas muito boas. Quando havia vagas na Netflix para as quais poderíamos ter promovido algum funcionário, em muitos casos sabíamos que era melhor contratar alguém que já era um profissional de alta performance naquela função. Quando as pessoas ficavam ansiosas para assumir responsabilidades que não lhes poderíamos dar, ou para fazer um trabalho que não era nossa prioridade, nós as incentivávamos a procurar essas oportunidades em outro lugar. Sugeríamos também que nossos funcionários criassem o hábito de fazer entrevistas em outros lugares, para que pudessem avaliar o mercado de oportunidades. Isso também nos permitiu entender melhor a procura que havia por elas e quanto deveríamos lhes pagar. As vantagens da formação de uma equipe mais fluida são uma via de mão dupla.

Acredito que o melhor conselho para todas as pessoas no mercado de trabalho hoje é ser flexível, continuar aprendendo novas habilidades e considerando novas oportunidades, assumindo regularmente novos desafios para que o trabalho permaneça renovado e lhes permita crescer. Na Netflix, incentivávamos as pessoas a se encarregar do próprio crescimento, aproveitando as ricas oportunidades que lhes proporcionávamos para aprender com colegas e gestores e trilhando seu próprio caminho, quer isso significasse crescer dentro da empresa ou aproveitar uma grande chance em outro lugar.

Coloque-se no lugar do fundador de uma startup

Compreendo que assumir essa perspectiva pode ser difícil, e por boas razões. Aprendemos a pensar de uma maneira muito diferente sobre nossas responsabilidades para com nossos funcionários. Vejo isso mais intensamente com os fundadores de startups para quem dou consultoria. Eles quase sempre precisam enfrentar a dura verdade de que o tipo de pessoas e a forma de trabalhar necessárias na fase inicial de desenvolvimento do produto e de conquista de mercado são muito diferentes das pessoas e dos talentos que permitirão que sua empresa cresça. No começo, eles precisam das pessoas mais inteligentes que possam pagar, que queiram trabalhar muito e que acreditem na visão dos fundadores. A parte da crença é crucial, porque todas as startups são ideias malucas. Se fosse algo lógico, alguém já teria feito antes. O sucesso inicial das startups implica cometer todos os tipos de erros e estar disposto a continuar trabalhando incrivelmente duro, experimentando todo tipo de coisa, insistindo de verdade, até ter um produto viável e um mercado receptivo. As respostas são desconhecidas, e a maior parte do trabalho é improvisada. Então, de repente, o crescimento começa a decolar, e os problemas não são mais resolvidos por tentativa e erro; eles exigem experiência. São problemas de escala e complexidade maiores. Às vezes, você tem sorte, e algumas dessas pessoas podem encarar as mudanças e desenvolver as habilidades necessárias para a escala maior; mas muitas não podem ou não querem.

Praticamente todas as empresas enfrentam esse mesmo desafio o tempo todo em algum grau – o desafio de reconhecer que a mudança precisa acontecer e que gente nova é necessária para realizá-la. Se essa perspectiva for desconfortável para você, pergunte-se: *O que um fundador de startup deveria fazer diante desse desafio?* Por que essa resposta seria diferente para você?

Nostalgia é um sinal de alerta precoce

Um dos motivos pelos quais Reed e eu começamos a usar a metáfora "equipe, não família" foi que, à medida que a empresa mudava, fomos vendo que a nostalgia em relação aos bons e velhos tempos difíceis era uma poderosa força de resistência.

A nostalgia era totalmente compreensível; eu também a sentia. Os primeiros dias da Netflix foram incríveis. Éramos tão informais que fazíamos reuniões ao redor de uma mesa de piquenique no estacionamento. E éramos novatos atrevidos em um negócio muito legal. Adorávamos ir ao Festival de Cinema de Sundance e apresentar filmes ousados de diretores emergentes. Lembro-me com carinho da alegria com a qual Ted Sarandos me disse certa vez que tinha conseguido a versão do diretor de uma comédia de humor negro muito comentada e bastante gráfica, intitulada *Spun*. O filme se ambientava na cultura da metanfetamina da cidade de Eugene, no Oregon, e retratava os perigos do vício com uma honestidade brutal. Apreciar filmes instigantes e ousados era algo que estava no DNA da empresa e era fonte de orgulho para muitos de nós. Quando fizemos a transição para o streaming, subitamente reinventamos a televisão. *Isso é coisa demais para uma empresa ultrahip e indie*, muitos pensaram, e algumas pessoas não ficaram nada felizes com isso. É claro que, conforme a Netflix passou a criar conteúdo original, ficou bastante claro que entrar na televisão não expurgava nossa alma provocadora. Séries como *Orange Is the New Black* e *The Santa Clarita Diet*, sobre uma mãe de família de um bairro residencial que é um zumbi comedor de carne humana, demonstraram que a empresa ainda adora romper barreiras.

Valorizar os elementos essenciais do sucesso inicial de uma empresa é muito importante, e isso pode ser mantido à medida que as empresas se adaptam e crescem. Mas a nostalgia que inspira a resistência à mudança vai alimentar o descontentamento e prejudicar o crescimento. Nos primeiros tempos da Netflix, um engenheiro que estava na empresa desde o início me disse: "Sabe, as coisas não são mais como eram, comparando com a época em que ficávamos no estacionamento e todos contribuíam para o produto; agora as pessoas não se conhecem pelo nome. Está ficando muito grande, e acho que a gestão não entende que as coisas mudaram". Eu era gestora, é claro, de modo que garanti que estávamos bastante conscientes disso. Como o rapaz compartilhou esse pensamento comigo várias vezes e pude ver como as mudanças eram perturbadoras para ele, perguntei: "Você sabe por que as coisas estão mudando?". "Por quê?", questionou ele. "Porque somos bem-sucedidos! Sabe o que queremos ser um dia? Queremos ser uma corporação global!". Esse é um termo apavorante para um funcionário dedicado de startup. Às vezes, as pessoas certas para uma empresa em determinado momento, que adoram trabalhar nela, devem ir para outra que tenha desafios e ambiente semelhantes. Eu disse a esse engenheiro: "Tudo bem. Você não precisa fazer parte disso. Talvez você seja mais feliz em uma empresa de 50 pessoas. Talvez ali você encontre sua grande alegria".

Ao adotar essa postura para a formação de equipes na Netflix, precisei desenvolver uma nova abordagem para a contratação, de modo a garantir o forte fluxo de talentos de que necessitávamos. Tivemos que criar capacidade em toda a organização para excelentes contratações, e conseguimos.

Em resumo

- Para se manter ágil e acompanhar a velocidade da mudança, contrate *agora* as pessoas de que você precisa para o futuro.
- De tempos em tempos, reserve um momento para imaginar sua empresa mantendo uma alta performance

daqui a seis meses. Passe um filme em sua cabeça imaginando como as pessoas trabalham, as ferramentas e habilidades que têm. Então, comece imediatamente a fazer as mudanças necessárias para criar esse futuro.

- Mais pessoas não necessariamente realizam mais trabalho ou o fazem de forma melhor; em geral, o ideal é ter menos pessoas com mais habilidades, e todas com alta performance.
- Os times esportivos de sucesso são o melhor modelo para os gestores; eles estão o tempo todo procurando novos talentos e escalando outros jogadores. Você está formando uma equipe, não uma família.
- Alguns membros de sua equipe podem não conseguir manter um bom desempenho no futuro que você projeta. Não é responsabilidade da empresa investir no desenvolvimento deles; sua responsabilidade é desenvolver o produto e o mercado.
- Desenvolva e promova funcionários quando essa for a melhor opção para o desempenho; quando for melhor contratar gente de fora, seja proativo ao fazê-lo.
- O ideal é que as pessoas se encarreguem do próprio desenvolvimento; isso gera um ótimo crescimento para os indivíduos e a empresa.

PERGUNTAS PARA REFLEXÃO

- Você avalia sistematicamente as habilidades de todos os membros de sua equipe em relação aos recursos necessários para daqui a seis meses ou um ano?
- Existem algumas maneiras de trabalhar – como programar e trabalhar com robôs, colaborar de forma interfuncional ou mapear e redesenhar a experiência do cliente – para as quais você prevê que sua equipe precisará de uma forte experiência?
- O desempenho de sua equipe seria significativamente aprimorado se você contratasse uma pessoa de alta performance, ou várias, mesmo que o custo dessas contratações implicasse uma redução no tamanho da equipe?
- Que oportunidades você vê no horizonte que sua equipe poderia começar a capitalizar agora se você contratasse novos talentos? Talvez exista uma nova tecnologia que permita oferecer um produto ou serviço novo ou melhor. Talvez um concorrente esteja deixando o *market share* vulnerável, ou um novo mercado esteja se desenvolvendo.
- Em quais áreas sua equipe ou empresa está na vanguarda da inovação, com grandes talentos à frente? E em quais você está correndo o mais rápido possível para não ficar para trás (imaginando que, se não fizer novas contratações em breve, estará em maus lençóis)?

- Quanto tempo você gasta no desenvolvimento das habilidades de sua equipe e qual seu grau de satisfação com a agilidade com que as pessoas atingem a velocidade de que você precisa?

6

Coloque pessoas realmente inteligentes em cada cargo

Tenha o profissional certo em todos os postos de trabalho

Na Netflix, nossa filosofia de gestão de talentos incluía três princípios fundamentais. Primeiro, a responsabilidade de contratar gente boa e determinar se alguém deveria ir embora recaía principalmente sobre os gestores. Segundo, para cada função, tentávamos contratar a melhor pessoa, e não apenas a adequada. Por fim, estávamos dispostos a dizer adeus inclusive a pessoas muito boas se suas habilidades não correspondessem mais ao trabalho de que precisávamos.

Como me disse John Ciancutti, que foi um de nossos melhores gestores em termos de contratação: "Saber quando é hora de deixar as pessoas seguirem seu caminho anda de mãos dadas com trazer gente de alta performance com as habilidades necessárias. São dois lados da mesma moeda. Se você não sabe contratar pessoas de grande talento, não se sente bem deixando gente boa ir embora. Você nunca será bom em um sem o outro e nunca será bom em formar uma equipe de alta performance". Essa abordagem nos permitiu criar, de forma dinâmica e proativa, as equipes de que precisávamos para alcançar as metas almejadas, sem que ficássemos empacados por causa de equipes ultrapassadas lutando desesperadamente para evoluir.

John abraçou totalmente nossa filosofia de gestão de talentos e a levou consigo quando deixou a Netflix, aplicando-a, por exemplo, ao montar uma equipe no Coursera e ao formar times na 60dB, onde é diretor atualmente. Ele escreveu um ótimo artigo para a *First Round Review* sobre suas táticas específicas para a contratação de boas pessoas: "This Is How Coursera Competes Against Google and Facebook for the Best Talent" (É assim que o Coursera compete com o Google e o Facebook pelos melhores talentos). Eu recomendo a leitura. A paixão que ele desenvolveu pelo assunto e a criação de métodos detalhados mostram a seriedade com que muitos de nossos gestores assumiram a responsabilidade de formar equipes. De fato, enfatizávamos a todos os líderes que a formação de uma ótima equipe era seu trabalho *mais* importante. Minha equipe de RH e eu os assessorávamos de perto, ajudando-os no processo de como procurar talentos e fazer boas entrevistas; como negociar com os candidatos; como avaliar quando é hora de deixar alguém seguir seu caminho; e como falar sobre essa decisão não apenas com a pessoa, mas também com o resto da equipe.

Seja um ótimo ex-empregador

Naquela manhã em que Reed me ligou para me chamar para a Netflix, depois que lhe perguntei qual seria sua empresa ideal, ele me fez a mesma pergunta. Respondi que minha empresa ideal seria um ótimo ex-empregador, como a Apple ou a Microsoft nos primeiros tempos. Eu disse isso porque tenho visto duas verdades consistentes sobre as melhores empresas e os melhores funcionários. As empresas mais competitivas são capazes de se manter flexíveis, sempre inovando e crescendo, em grande parte porque estão sempre proativamente buscando os novos talentos de que precisam. Os melhores funcionários estão sempre procurando oportunidades novas e desafiadoras, e, embora em geral sejam intensamente leais, muitos acabam buscando essas oportunidades em outro lugar. Nunca se pode saber quando eles vão decidir fazer uma mudança, e, de modo geral, não há nada que você possa fazer para segurá-los.

Citei Eric Colson antes. Em menos de três anos, ele passou de analista de dados ao cargo de vice-presidente de ciência de dados e engenharia, reportando-se diretamente a Reed e liderando quatro equipes grandes e muito importantes. Ele nunca imaginou que teria tanta responsabilidade, sem dúvida não tão rápido. Eric me contou recentemente que foi, e continua sendo, muito grato pelas oportunidades que lhe foram dadas. Ele também adorava o que fazia na Netflix. Liderava equipes que estavam na vanguarda da aplicação de todas as novas ferramentas de *big data*, como *machine learning*. No entanto, Eric me procurou um dia, depois de três anos no cargo, e me disse que ia para uma pequena startup chamada Stitch Fix, que usa análise de dados combinada com informações de *personal stylists* para enviar aos clientes roupas recomendadas para compra. Pensei: *Como é que é??? Ele vai trabalhar com entrega de roupas?* "Eric, você está bem?", perguntei, e ele disse que essa empresa era como a Netflix de roupas. Eu não entendi e perguntei por que aquilo era interessante. De repente, seus olhos brilharam ao falar das possibilidades, e eu comentei: "Você é apaixonado por dados, não é?". Ele saiu e, como diretor de algoritmos da Stitch Fix, liderou o desenvolvimento de algoritmos altamente inovadores e uma nova abordagem para combinar *machine learning* com as ideias de estilistas humanos, o que impulsionou um rápido crescimento na empresa.

Tentávamos muito, mas muito mesmo, manter os grandes talentos na Netflix, gente cujas habilidades e experiência eram necessárias, mas operávamos em um *pool* de talentos extremamente competitivo. Reconhecíamos que tínhamos que ser altamente proativos na criação de uma fonte de melhores talentos. Por outro lado, devido à rapidez com que nossos negócios mudavam, também precisávamos estar dispostos a nos despedir de pessoas cujas habilidades não eram mais necessárias, mesmo que tivessem feito um ótimo trabalho e fossem incrivelmente talentosas. Nossa principal norma de gestão de talentos era construir a melhor equipe para o futuro que estávamos criando.

É por isso que digo que a retenção não é uma boa métrica para avaliar o sucesso de sua equipe ou saber se você criou uma ótima cultura. Não se deve simplesmente medir quantas pessoas você mantém no quadro de funcionários, e sim quantas pessoas excelentes, com as habilidades e a experiência necessárias, você tem. Quantas *dessas* você mantém? Quantas pessoas com as habilidades e a experiência de que precisa você está contratando? Você também deve monitorar qual é seu grau de rigor na avaliação de quem precisa substituir e com que eficiência age para isso.

Não estou dizendo que é fácil adotar essa perspectiva e agir com segurança. Já é bastante difícil deixar pessoas de baixa performance irem embora, e é pior ainda despedir-se das que fizeram um ótimo trabalho. Mas o que ajuda nesse caso é saber que elas têm um ótimo currículo porque trabalharam para você. Isso será de grande ajuda na hora de arranjarem um bom emprego. E você também pode ajudá-las ativamente. A melhor maneira de as empresas garantirem que seus ex-funcionários encontrem boas oportunidades em outros lugares é tornar a empresa conhecida pela intensa motivação de contratar os melhores talentos. Se os gestores operarem dessa maneira, poderão se tornar mestres em boas despedidas. Vamos falar mais sobre isso no Capítulo 8. Por enquanto, vamos nos concentrar em boas recepções.

Um bom trabalho não tem a ver com privilégios ou vantagens

As guerras de privilégios chegaram a um nível absurdo. Alguns meses atrás, me pediram para falar com toda a equipe de uma startup, umas cem pessoas. Durante a sessão de perguntas e respostas após minha palestra, um dos funcionários levantou a mão e disse: "Tenho uma pergunta muito importante a fazer: qual sua posição sobre frigobares nos departamentos *versus* um frigobar para a empresa toda?". Na época, a empresa tinha balanços e redes espalhados por suas salas. Para esse funcionário, respondi: "Que tipo de pergunta é essa? Você sabe como o negócio funciona, não é?". "Não entendi sua pergunta", disse ele. "Muito bem; você disponibiliza um serviço para seus clientes, e eles pagam por isso. Esse dinheiro paga os custos operacionais, e o que resta é lucro. Essa é a essência do negócio. Não tem nada a ver com frigobares. As empresas não existem para fazer os funcionários felizes!"

Olhei ao redor e vi que as pessoas estavam visivelmente chocadas. Então, expliquei que é maravilhoso que os funcionários estejam felizes, mas que é melhor para eles e para a empresa quando a razão de sua satisfação é o fato de estarem fazendo um bom trabalho ao lado de funcionários excelentes.

Eu já ouvi a seguinte pergunta de um executivo: "Devo me preocupar por não termos um barman ou um chef pessoal?". Se alguém quiser ir para outra empresa porque ela serve uma cerveja artesanal melhor, diga apenas: "Divirta-se! Ah, e vamos fazer um happy hour em seu escritório em breve".

A felicidade das pessoas no trabalho não tem a ver com saladas gourmet, cabines para dormir nem mesas de pebolim. A felicidade verdadeira e permanente no trabalho provém de estar profundamente comprometido com a resolução de um problema, ao lado de pessoas talentosas que você conhece, mas também de saber que o cliente adora o produto ou o serviço que todos se esforçaram para criar.

Dinheiro não compra amor

Com o tempo, decidimos pagar salários altamente competitivos na Netflix. Precisávamos competir com o Google, o Facebook e a Amazon pelos melhores talentos técnicos, e acreditávamos que era importante pagar muito bem às pessoas talentosas de que precisávamos. Mas *não queríamos* que a concorrência pelos salários fosse uma alavanca essencial para convencer as pessoas a ir para a empresa. Sabíamos que pagávamos muito bem, e isso sem dúvida nos ajudou a atrair as pessoas que queríamos, mas tínhamos uma regra: só falávamos de remuneração com os candidatos depois de saber que eles queriam aceitar a proposta. Falávamos de nossa filosofia de remuneração, mas não de números.

De acordo com minha experiência, quando os candidatos falam de salário cedo demais na entrevista, isso significa que ou ganham mal no emprego atual, ou ganham muito bem e estão preocupados que você não consiga melhorar isso, ou, ainda, que estão interessados sobretudo no dinheiro, e não são de fato apaixonados pelo trabalho. Não tínhamos interesse em contratar pessoas que ganhavam mal para poder pagar pouco por seus talentos. Em geral, também não nos preocupávamos por não conseguir fazer uma oferta alta o bastante quando queríamos muito contratar a pessoa. Não tínhamos um sistema rígido de remuneração como muitas empresas, com gráficos de distribuição normal, 6% de aumento por mérito e faixas salariais específicas. Tínhamos liberdade para oferecer o que precisássemos oferecer. Portanto, não tínhamos um bom motivo para falar de números antecipadamente. Quanto aos candidatos que estavam mais interessados no dinheiro, queríamos eliminá-los. Dizíamos: "Achamos que você não é a pessoa certa para nós. Acreditamos que, neste momento de sua carreira, o importante para você é o dinheiro. Se é assim, o melhor é que você vá para um de nossos concorrentes".

Também não tínhamos um sistema de bônus. Se seus funcionários são adultos que colocam a empresa em primeiro lugar, um bônus anual não os fará trabalhar mais ou de maneira mais inteligente. Os planos de compensação por meio de ações eram tratados de uma maneira completamente diferente da maioria das empresas. E permitíamos que os funcionários dissessem que porcentagem de sua remuneração eles queriam em opções de ações, e, em vez de acrescentar essa parte ao salário, esse valor substituía uma parte dele. Além disso, em vez de usar opções de ações como "algemas de ouro", não impúnhamos um período de investimento. As opções eram adquiridas mensalmente; ficavam disponíveis para investimento por dez anos, permitindo um aumento de longo prazo no preço das ações.

Conversei outro dia com o CEO da Warby Parker, Neil Blumenthal, que me disse que queria um conselho sobre a criação de um programa de bônus para executivos. Perguntei: "OK, você quer que seja uma combinação de ações e dinheiro?". "Quero." "E quer que seja baseada nos objetivos da empresa, da equipe, dos departamentos e individuais?" "Sim." E eu continuei: "Quando conversamos da última vez, você me disse que estava abrindo mais lojas, e falamos que havia 50% de chance de a estratégia dar certo, não é? Agora você quer criar um sistema bem complicado que vai precisar explicar para o financeiro, para o conselho e para o comitê de ações. Se eles concordarem, você vai precisar de um software para acompanhar resultados *versus* objetivos, sendo que você está ciente de que não sabe de fato se esses objetivos são realistas." "Mas eu quero recompensá-los", ele respondeu. "Então, se você atingir todos os seus objetivos e der tudo certo, ótimo; dê a eles uma tonelada de dinheiro. Jogue ações neles. Mas você não precisa de um sistema de bônus vinculado a metas. Eu conheço você, conheço sua equipe, e sei que um programa de bônus não vai incentivá-los a fazer algo que não fariam de qualquer maneira."

Motivação tem a ver com densidade de talentos e desafios atraentes

Na Netflix, demoramos um pouco para entender que ótimos colegas e grandes desafios a enfrentar eram os maiores atrativos para se trabalhar na empresa. Mas, desde o início, sabíamos que precisávamos ser muito rigorosos quanto à manutenção de nossa densidade de talentos. Não podíamos fazer promessas de carreira de longo prazo na empresa; éramos bastante honestos sobre isso e, com o tempo, descobrimos que isso não era um impedimento para atrair os melhores talentos. Quando conversei com John Ciancutti sobre isso, ele expressou lindamente o que esperávamos que os funcionários pensassem sobre nossa abordagem: “Depois da grande demissão de 2001, a densidade de talentos na empresa se tornou incrível. A equipe executiva começou a falar que a Netflix era uma empresa com funcionários excepcionais, de alta performance, que poderiam fazer coisas excelentes até mesmo em outros lugares. O que ouvi foi: ‘Não espere que haja um caminho de longo prazo para você’. Mas trabalhar com pessoas incríveis e a oportunidade de crescer foram mais importantes para mim que receber a promessa explícita de um caminho para uma promoção”.

A diversidade do talento

A Netflix era sempre comparada ao Google, e muitas vezes competíamos pelo mesmo talento; mas as duas empresas têm abordagens totalmente diferentes no que diz respeito à contratação, porque possuem abordagens diferentes para expandir os negócios. O Google era um concorrente duro e muito difícil de enfrentar para os gestores que precisavam contratar, mas diversas vezes conseguimos atrair os melhores talentos – que poderiam ter ido para o Google – porque articulávamos com muita clareza nosso sistema de formação de equipes e gestão de pessoas, e não tentávamos competir nos termos do Google.

Trabalhei com Eric Schmidt na Sun e percebi que o Google me lembrava a época de rápido crescimento na Sun, quando nosso foco principal era contratar o maior número possível de pessoas incríveis. Mas o Google era ainda melhor nisso porque tinha um objetivo muito amplo: organizar todas as informações do mundo. Pode haver um objetivo mais amplo que esse? Portanto, faz muito sentido que o Google contrate o maior número possível de pessoas inteligentes, que as coloque em um ambiente onde tenham todos os recursos de que possam precisar, que lhes peça para ter toneladas de ideias e que escolha as melhores entre elas. Os líderes do Google querem impulsionar a empresa de várias maneiras; quantidade para eles é muito importante. Na Netflix, fazíamos essencialmente uma única coisa, de modo que precisávamos das pessoas certas, com as habilidades e a experiência certas para fazer sua parte. Eu dizia o seguinte aos candidatos no processo de recrutamento: "Se você quer que sua mente seja livre e se quer pensar em todos os tipos de coisas radicais que podem ou não acontecer, o Google é seu lugar. Nós fazemos uma única coisa. Existimos para propiciar felicidade a nossos clientes como resultado de um produto específico. Portanto, se essa não é sua paixão, vá para o Google. É uma ótima empresa, só que muito diferente".

Eu não gosto do termo "*A players*" [funcionários de primeira linha]. Isso implica a existência de um sistema de classificação que pode determinar quem é o melhor para uma posição. O pessoal de RH sempre me pergunta como a Netflix consegue contratar só *A players*. E eu respondo: "Sabe, existe uma ilha habitada apenas por *A players*, e poucas pessoas sabem onde fica".

Fazer ótimas contratações é fazer ótimas combinações. O *A player* de uma empresa pode ser um *B player* em outra empresa, e vice-versa. Não existe uma fórmula genérica que determine o que torna as pessoas bem-sucedidas, apesar de tanto esforço e todo tipo de avaliações para se tentar elaborar uma. Muitas das pessoas que dispensamos na Netflix porque não se destacavam no que estávamos procurando na época destacaram-se em outros empregos.

Encontrar as pessoas certas também não tem muito a ver com um "encaixe cultural". O que a maioria das pessoas quer dizer quando fala que alguém tem um bom encaixe cultural é que o candidato é alguém com quem gostaria de tomar uma cerveja. Em geral, essa abordagem está totalmente errada. As pessoas podem ter todos os tipos de personalidades diferentes e se encaixar perfeitamente no trabalho que precisa ser feito. Uma de nossas melhores contratações foi Anthony Park, que trabalhava como programador em um banco no Arizona quando o procuramos. No papel, ele não parecia um encaixe perfeito. Era "programador", não "desenvolvedor de software". Também era um sujeito reservado, calado, de modo que me preocupei um pouco com o modo como ele lidaria com nossa cultura louca por debates. Ligamos para Park porque alguém me contou que ele tinha criado um aplicativo para melhorar o Netflix e postado em seu site. Marcamos uma entrevista com ele, e todo mundo o adorou, assim como o aplicativo que ele havia criado. Assim que começamos a conversar, Anthony ficou vermelho. Perguntei se estava bem, e ele disse: "Você vai me fazer uma proposta, não vai?". Respondi: "Vou". "E vocês vão me pagar muito bem, não é?" "Ah", eu disse, "você não vai mais fazer programação para um banco. Você estaria no Vale do Silício, e é caro morar aqui. Vamos pagar o que for necessário para você ter uma ótima vida com sua família aqui."

Ele parecia impressionado, e perguntei de novo se ele estava bem. Anthony respondeu, surpreso: "Vocês vão me pagar muito dinheiro para eu fazer o que amo fazer!". Confesso que me perguntei como ele se encaixaria na equipe de alta potência em que estava entrando, e esperava que não o reduzissem a cinzas em poucas semanas.

Alguns meses depois, participei de uma reunião de sua equipe que foi realmente intensa. Todo mundo estava discutindo. De repente, ele perguntou: "Posso falar agora?". A sala ficou em silêncio, porque Anthony não falava muito, mas, quando falava, era para dizer algo de fato inteligente. Com o tempo, todo mundo aprendeu a fazer uma pausa e esperar, e ele sempre dizia algo que nos fazia pensar: *Caramba, como não pensei nisso antes?* Agora, ele é vice-presidente. As empresas também podem se adaptar ao estilo das pessoas; o encaixe cultural pode funcionar nos dois sentidos.

Indo além do currículo

Nós tínhamos que ser muito criativos para descobrir onde procurar talentos, porque, muitas vezes, precisávamos encontrar pessoas com habilidades técnicas bem específicas. Quando procurávamos especialistas em *big data*, ninguém sabia de fato o que "*big*" significava. Não podíamos apenas pesquisar currículos com palavras-chave. Nossos recrutadores precisaram imaginar, em todo o universo, que diferentes tipos de empresas lidavam com grandes quantidades de dados. De início, eram companhias de seguros ou de cartões de crédito. Além disso, nossa equipe de recrutamento não tinha muito conhecimento específico para sondar as habilidades técnicas das pessoas. Nossa melhor recrutadora de pessoal técnico era Bethany Brodsky. Ela não sabia quase nada sobre tecnologia antes de entrar na Netflix, mas era muito boa para entender nosso negócio e os principais problemas que precisavam ser resolvidos, e compreendeu que, mais importante que a experiência anterior de uma pessoa, era sua abordagem à solução de problemas.

Bethany me contou que uma de suas melhores entrevistas foi com um sujeito que acabamos contratando, que trabalhava no laboratório Lawrence Livermore, um centro de pesquisa do governo americano voltado para a ciência nuclear. Foi na época em que a Netflix estava começando com o streaming e aparecia apenas em alguns dispositivos: Xbox, Roku e TiVo. Nas entrevistas, Bethany disse aos candidatos que um desses dispositivos tinha garantido um milhão de novos assinantes para a empresa em apenas 30 dias, e perguntou qual deles achavam que era. O TiVo estava decolando na época, então a maioria das pessoas respondeu: "TiVo, com certeza". Mas esse sujeito perguntou se havia alguma condição especial para conseguir uma assinatura da Netflix em qualquer um dos dispositivos. Ela disse que sim. De fato, para o Xbox era preciso ser "membro gold". Então, ele argumentou que devia ser o Xbox: como esses usuários já estavam dispostos a pagar uma assinatura premium, era provável que estivessem mais propensos a pagar mais pela Netflix. Ele estava certo, e foi quando Bethany soube que era a pessoa ideal para nós.

Eu mesma tive um insight parecido com outro candidato. Foi quando entrevistei Christian Kaiser, que trabalhava na AOL na gestão de um grupo de 25 programadores. Eu tinha conversado com algumas pessoas de seu grupo, porque eles faziam um trabalho técnico semelhante a algo de que precisávamos. Mas todos queriam ficar na AOL. Àquela altura, a Netflix já era uma empresa muito mais atraente que a AOL, de modo que fiquei perplexa ao saber o motivo pelo qual não queriam sair de lá. Quando eu perguntava, eles respondiam: "Meu chefe é incrível! Ele é o melhor comunicador que já conheci. Não consigo nem imaginar a possibilidade de deixar de trabalhar com ele". Então, eu disse a meus recrutadores: "Vão buscar esse cara". Fiquei surpresa quando o sujeito entrou; além de ter um sotaque alemão muito forte, ele também gaguejava. Era esse o grande comunicador? E ele estava claramente nervoso; afinal, fazia muitos anos que não participava de uma entrevista. Foi sofrido para nós dois. Mas, quando perguntei se ele poderia me explicar, em termos bem simples, o trabalho técnico incrivelmente complicado que executava, o homem se transformou. Ele continuou gaguejando, mas me deu uma explicação fascinante. E eu entendi: *É isso! Ele sabe transformar coisas realmente complicadas em compreensíveis.* Ele se tornou um formador incrível de equipes na Netflix.

Também se afastou de equipes que tinha construído para poder liderar novos projetos apenas porque precisavam ser concluídos. Christian redefiniu o significado de "minha equipe" ao criar equipes tão boas que podiam prosseguir sem ele.

Sempre tentávamos ser criativos ao investigar mais profundamente as pessoas e também seus currículos. Certa vez, Bethany decidiu analisar o currículo de todos os funcionários de ciência de dados que havíamos contratado, e que eram realmente bons, para ver se encontrava alguma característica em comum. E encontrou: todos compartilhavam um ávido interesse por música. A partir de então, ao fazer entrevistas para esses cargos, ela e sua equipe de recrutamento passaram a sondar as pessoas a respeito do interesse por música. Ela recorda: "Ficávamos muito animados e gritávamos: 'Encontrei um sujeito que toca piano!'". Ela concluiu que essas pessoas podiam alternar entre o lado esquerdo e direito do cérebro com facilidade, uma ótima habilidade para análise de dados.

Construa uma cultura de contratação

A natureza técnica de nosso negócio na Netflix foi um dos principais motivos de os gestores se envolverem tanto no processo de contratação. Mas acredito que isso deveria ser exigido em todas as empresas. Todos os gestores que precisam de novos funcionários devem entender profundamente a abordagem da empresa para contratações e como executá-la, com todos os detalhes. E o exemplo deve vir de cima. Bethany já trabalhou com Reed para preencher uma vaga de diretor. Eles se reuniram em uma quinta-feira de manhã para discutir que tipo de candidato estavam procurando. Na tarde seguinte, Reed lhe enviou um e-mail dizendo que havia mandado mensagens para 20 possíveis candidatos encontrados no LinkedIn, e recebido três respostas. Ele tinha até se adiantado e feito uma entrevista por Skype com um deles. O resultado tinha sido bom, e ele queria que o sujeito fosse lá na segunda-feira.

Quando os gestores estão engajados, os recrutadores ficam ainda mais competitivos. Bethany me contou que, depois que recebeu a mensagem de Reed, ficou determinada a encontrar alguém ainda melhor. (Acabamos contratando o homem de Reed, e ele se gabou disso durante anos.)

O trabalho de nossos recrutadores era treinar os gestores para contratar, e criaram uma apresentação de slides para assessorar cada um deles, individualmente. Os recrutadores perguntavam a todos os gestores: "Como é seu processo de entrevista? Como é a equipe que faz as entrevistas? Como é sua estrutura para que os candidatos participem de entrevistas?". Os gestores não necessariamente precisam abordar a entrevista ou a busca de candidatos da mesma maneira. Nossos melhores gestores tinham maneiras diferentes de procurar e selecionar pessoas. Tínhamos um ditado: "Esteja sempre recrutando!". Os candidatos vinham de toda parte, desde conferências profissionais até um jogo de futebol infantil, passando por conversas em aviões! Mas certos fundamentos deviam ser seguidos rigorosamente. Estabeleci uma regra rígida: se alguém visse um estranho sentado sozinho esperando uma entrevista, deveria parar e dizer: "Olá, meu nome é… Quem é você? Está aqui para uma entrevista? Quem está esperando? Posso dar uma olhada na sua agenda para hoje? Assim eu o ajudo a encontrar a pessoa". Eu sabia que a mensagem tinha sido compreendida por todos, porque, quando eu me atrasava para atender a um candidato e dizia: "Desculpe, espero que alguém tenha falado com você", a pessoa respondia: "Seis pessoas falaram comigo".

As entrevistas eram mais importantes que qualquer reunião que um gestor tivesse agendada e eram o único motivo pelo qual podiam faltar ou sair mais cedo de uma reunião da equipe executiva. Sério mesmo! Os candidatos nos avaliam assim como nós os avaliamos; as pessoas esquecem isso.

Nosso objetivo era que todas as pessoas que chegassem para uma entrevista saíssem querendo o emprego, mesmo que nós as odiássemos. Queríamos que elas pensassem: *Uau, que experiência incrível! Foi eficiente, eficaz, pontual, as perguntas foram relevantes, as pessoas eram inteligentes, e fui tratado com dignidade.* Eu dizia aos gestores: "Mesmo que não seja a pessoa certa, pode ser que amemos seu vizinho".

No final, era responsabilidade do gestor tomar a decisão. Os membros da equipe contribuíam. Minha equipe e eu também influenciávamos, mas a responsabilidade final era desse gestor (assim como era sua responsabilidade o desempenho da equipe que estava formando). Agíamos o mais rápido possível depois que a decisão era tomada. Nada de passar a contratação por dois níveis de gestão, pelo departamento que cuida da remuneração e pelo RH. Minha equipe trabalhava diretamente com os gestores para determinar a remuneração, o título do cargo e outros detalhes das propostas. Os recrutadores lançavam as bases; os gestores faziam as ofertas. Velocidade e eficiência em geral significavam que conseguíamos contratar candidatos que estavam fazendo entrevistas em outras grandes empresas.

O processo de entrevista e contratação passa uma forte primeira impressão sobre como sua empresa opera, para o bem e para o mal.

O pessoal do RH deve ser gente conectada ao negócio

Outro dia, eu estava em uma startup conversando com a diretora de RH, e ela me contou que estava planejando um evento externo para falar sobre como sua equipe poderia ser mais eficaz na hora de ajudar na adaptação de novos funcionários. Ela me perguntou: "Devo convidar os recrutadores?". Ela realmente não sabia se as pessoas cujo trabalho específico era auxiliar na contratação de uma equipe nova deveriam ser convidadas para uma reunião sobre integração de novas equipes. A triste verdade é que a maioria das empresas trata o recrutamento como uma função distinta, que não tem nada a ver com o negócio, muito menos com o RH. E muitas empresas jovens terceirizam esse processo, ou têm apenas funcionários para manter registros, cuidar das admissões, administrar e preencher agendas.

Na Netflix, nossa estratégia evoluiu com o tempo, e criamos uma excelente empresa interna para cuidar de recrutamento, porque eu queria os candidatos da mais alta qualidade possível. Contratei Jessica Neal, de outra empresa, para coordenar a equipe. A formação de uma equipe talentosa implicou um investimento considerável, mas eu tinha um argumento irrefutável para isso. Pude mostrar claramente qual seria o retorno de eliminar custos com headhunters, e economizamos um monte de dinheiro ao longo do tempo.

Também deixei totalmente claro para a equipe de recrutamento que eles eram considerados colaboradores vitais para a construção do negócio e que precisavam entender profundamente as necessidades da empresa. E os gestores que precisavam fazer contratações começaram de fato a tratar a equipe de RH como seus parceiros de negócios.

Eu disse o seguinte à minha equipe: "Funcionamos como uma prestadora de *serviços*, mas não somos *serviçais*". Não estávamos a serviço dos gestores, e sim a serviço dos clientes da Netflix. Eu queria que meu pessoal entendesse que era importante conhecerem as necessidades e os desejos dos clientes tanto quanto os gestores de produto e de marketing. E também tinham que ter o mesmo nível de entendimento e sentir uma profunda conexão com a criação do produto.

Uma das grandes ocasiões em que nossos recrutadores desempenharam um papel crucial na construção dos negócios foi quando decidimos entrar no ramo de games.

Tivemos que negociar acordos para cada console. Chegamos ao Xbox primeiro, e depois queríamos entrar no Nintendo Wii. Foi mais um salto para uma área diferente para nós. Os ciclos de desenvolvimento de dispositivos de hardware levam muitos anos, e éramos uma empresa de internet acostumada a fornecer novos códigos a cada duas semanas. Quando finalmente recebemos a boa notícia do acordo com a Nintendo, perguntei ao diretor da equipe que desenvolvia para o Wii: "Temos alguém aqui que saiba alguma coisa sobre o hardware da Nintendo?". Ele disse que não. Quando perguntei quanto tempo tínhamos para desenvolver nossos produtos para o Wii, ele respondeu: "Oito meses". Se não cumpríssemos esse prazo, teríamos que esperar dois anos para entrar no Wii.

Fui até minha sala e imediatamente liguei para Bethany: "Largue o que está fazendo e venha aqui agora. Precisamos pensar em como vamos criar uma equipe para o Wii". Oito meses depois, estávamos dando uma grande festa para comemorar nosso lançamento no Wii. Bethany estava ao meu lado. Vi que estava com os olhos marejados e perguntei se havia algo errado. Ela disse: "Não. É que eu montei essa equipe! Eu ajudei a chegarmos ao Wii hoje!". Quando pediram à equipe para dizer algumas palavras, eles disseram: "Agradecemos a Bethany Brodsky, porque, sem ela, não estaríamos aqui hoje!". Era isso que eu queria que nossos recrutadores sentissem sobre sua contribuição para o negócio, e o que eu queria que todos os gestores sentissem em relação ao valor de nossos recrutadores.

Para que trabalhem juntos da melhor maneira possível, é necessário ter gestores que se responsabilizem pelas contratações. Um dia, ouvi uma de minhas melhores recrutadoras dizer que um novo executivo não estava engajado seriamente com ela. "Ele não retorna minhas ligações; não responde a meus e-mails. Eu lhe mando currículos, e ele não responde. Estou muito frustrada, porque precisamos muito formar uma ótima equipe para ele. Sinto que estou decepcionando a empresa." Então, fui até ela e disse: "Acho que você precisa trabalhar com outra pessoa. Vou cuidar disso". Mandei um e-mail a ele dizendo que havia trocado sua recrutadora: "Eu a coloquei em outro projeto porque você parece ter uma metodologia de contratação e não precisa dela. Avise quando pudermos intervir e ajudar. Um abraço, Patty".

Em questão de minutos ele estava na minha sala, furioso: "Que diabos é isso?". Então perguntei: "É verdade que ela marcou duas reuniões e você cancelou?". "Sou um homem ocupado, você sabe. Estou fazendo o trabalho de dez pessoas", retrucou ele. "É verdade que ela lhe mandou vários candidatos qualificados e você não respondeu? Só para você saber, é sua função montar sua equipe, não dela. A propósito, outras três pessoas estão felizes que ela não esteja perdendo tempo com você. Ela é incrível, uma ótima parceira. E pode fazer a coisa dar certo. Mas, se você não precisa dela, tudo bem."

Fico furiosa quando vejo gestores menosprezando o valor de bons funcionários do RH. Em geral, quando eu perguntava por que não estavam mais envolvidos com os recrutadores, os gestores respondiam: "É que eles não são tão inteligentes assim e não entendem o que está acontecendo na minha área ou como a tecnologia funciona". E minha resposta era: "Então, comece a esperar, e a exigir, que sejam inteligentes!". Contrate pessoas inteligentes. Se fizer isso, e insistir para que ajam como executivos, além de envolvê-los na gestão dos negócios, eles vão agir como tal.

De vez em quando aconselho as empresas a contratar um executivo para administrar o RH, não um especialista na área. Essa pessoa precisa ser capaz de entender os detalhes de seu negócio, como você obtém sua receita, quem são seus clientes e sua estratégia para o futuro, da mesma forma que qualquer outro diretor de departamento ou divisão. Uma das razões de eu não ser fã do processo anual de avaliação de desempenho é que não só demanda muito tempo do RH, como também costuma ser distante de qualquer conexão verdadeira com os resultados do negócio e com o atendimento aos clientes.

Perguntei a um executivo bastante sênior de RH de uma empresa da *Fortune 100* a quem prestei consultoria: "Pode me dizer qual é a métrica afetada pela conclusão de sua avaliação anual de desempenho?". "Não entendi a pergunta, Patty." "Qual é a métrica do negócio diretamente afetada pela conclusão da avaliação de desempenho anual?", repeti. "Mais uma vez, não sei ao certo o que você está perguntando", insistiu ele. Então eu disse: "Seria receita, crescimento, lucro? Essas métricas com as quais avaliamos nossos negócios, você sabe". Por fim, perguntei quanto tempo da equipe dele tinha sido consumido pelo processo. "Não faço ideia!", respondeu ele. "Mas vale a pena." Em nenhum outro departamento de uma empresa podemos justificar algo que exige um esforço tão incrível com apenas uma sensação de que "vale a pena".

Imagine se, em vez de perder tanto tempo no processo de avaliação, todos os funcionários de RH estivessem dedicando esse tempo para atrair talentos extraordinários que desenvolvessem produtos ou serviços incríveis para seus clientes.

Em resumo

- A contratação de pessoas de alta performance é a tarefa mais importante dos gestores. Eles precisam encontrar ativamente suas próprias fontes de talento e liderar todos os aspectos do processo de contratação. Eles são os principais recrutadores.
- As equipes e as empresas mais bem-sucedidas em permanecer na liderança conseguem fazê-lo porque reabastecem proativamente seu *pool* de talentos.
- A retenção não é uma boa medida do sucesso na formação de equipes. A melhor medida é ter um ótimo funcionário em cada função da equipe.
- Às vezes, é importante dispensar até mesmo pessoas que fizeram um ótimo trabalho, a fim de abrir espaço para gente de alta performance em novas funções ou que tenha habilidades diferentes.

- Bônus, opções de ações, salários altos e até um caminho claro para a promoção não são o atrativo mais forte para pessoas de alta performance. A oportunidade de trabalhar com colegas também de alta performance, com quem vão aprender e se divertir, é, de longe, o atrativo mais poderoso.
- Fazer uma boa contratação não significa contratar um "*A player*"; trata-se de encontrar uma ótima combinação para suas necessidades. Alguém com uma alta performance em uma equipe pode não se sair tão bem em outra.
- Vá além do currículo. Seja criativo na busca de talentos. Considere mais coisas do que apenas uma lista de experiências. Leve em conta experiências abrangentes e concentre-se nas habilidades fundamentais de solução de problemas.
- Torne a experiência da entrevista extremamente impressionante durante todo o processo, para que, no fim, todas as pessoas que entrevistar desejem trabalhar na empresa.
- Os funcionários do RH precisam entender de fato como a empresa funciona, mesmo que isso seja bastante técnico. Devem ser parceiros criativos e proativos no processo de contratação. Se você dedicar um tempo para lhes explicar os detalhes dos talentos de que você precisa, isso renderá notáveis dividendos.

PERGUNTAS PARA REFLEXÃO

- Você consegue citar duas pessoas para quem poderia ligar imediatamente para falar sobre assumir o cargo de seus funcionários de melhor desempenho, caso eles saiam?
- Que mudança está acontecendo em seu negócio? Você está preparado para começar a entrevistar os novos talentos de que precisa, caso a mudança aconteça mais rápido que o esperado?
- Você usa a criatividade para procurar candidatos? Você dedicou tempo ao cultivo de leads em sua rede profissional? Você acha que os candidatos são essencialmente responsabilidade sua ou espera que os recrutadores os encontrem?
- O processo de entrevistas pelo qual seus candidatos passam é cuidadoso e rigoroso?
- Você acha que os recrutadores que trabalham com você compreendem os detalhes das vagas a ser preenchidas e as qualidades que busca nos candidatos?

7

Pague às pessoas o quanto elas valem para *você*

A remuneração é uma questão subjetiva

Um dos tópicos mais desafiadores em minhas consultorias é a remuneração. Oferecer salários competitivos é, obviamente, um dos requisitos para a contratação de grandes talentos. Mas, embora quase todas as empresas queiram indicar seus salários para o mercado, isso costuma ser um grande desafio. Temos recursos abundantes para obter informações sobre salários graças a uma série de pesquisas, que cobrem todas as áreas e oferecem uma análise detalhada dos níveis. São incrivelmente sofisticadas. Mas a questão é que os empregos não são coisas; e as pessoas também não. Muitas vezes, um cargo que você precisa preencher é tão especializado que suas especificações nas pesquisas não dão conta de descrevê-lo. E um potencial candidato pode ter habilidades que talvez não sejam medidas por pesquisas, como bom senso e capacidade de colaboração. Digamos que você precise de um engenheiro de software. Legal, você quer um programador sênior que domine as melhores técnicas novas de desenvolvimento de mecanismos de busca? E essa pessoa também precisa saber como gerir uma equipe de cinco funcionários? Ah, e você também precisa que ela entenda bem os sistemas de publicidade on-line para trabalhar efetivamente com o marketing no desenvolvimento de uma estratégia para esse tipo de propaganda? Uma pesquisa salarial não vai dizer quanto essa pessoa ganha, ou quanto *você* deve lhe pagar.

Os departamentos que cuidam da remuneração acabam gastando muito tempo comparando descrições e fazendo os melhores cálculos possíveis para ajustar todos os fatores. Mas é claro que esse processo oferece apenas uma compreensão básica do verdadeiro cenário do mercado. Quantas pessoas com esse conjunto de qualificações estão disponíveis? Muitas vezes, como qualquer profissional de RH ou gestor sabe muito bem, para conseguir a pessoa que de fato deseja, você terá que, essencialmente, jogar fora seus cálculos e responder à demanda real do mercado.

Mas descobri que a demanda do mercado ainda não é o guia ideal para mostrar que remuneração você deve oferecer, porque essa demanda diz respeito ao momento atual, ao passo que a contratação é pensada para o futuro. Na minha visão, o sistema de remuneração predominante costuma estar defasado; fica aquém do esperado para nos ajudar a calcular o valor de muitas contratações. Digamos que o recrutador tenha conseguido encontrar a engenheira de software com todas as credenciais específicas de que você precisa, e todos a adoraram, mas ela recebeu outra proposta de seu principal concorrente, bem mais alta – digamos, 35 mil dólares anuais a mais – do que você está preparado para pagar. Ao determinar quanto deve oferecer, leve em conta a diferença que pode fazer no futuro de seus negócios se você contratar essa engenheira excelente, com todas as habilidades e experiência necessárias, em vez de considerar sua segunda opção, que pode ser uma alternativa bem inferior e que você levará mais três meses para contratar, porque vai continuar procurando outra pessoa com todas as habilidades e todos os talentos da sua primeira escolha.

Quanta receita extra essa excelente primeira opção pode ajudar a gerar? Será que ela pode garantir que você derrote seu concorrente no lançamento de um novo sistema de buscas fabuloso, especialmente se ela começar agora, e não daqui a três meses? Quanta receita de anúncios ela pode ajudar a obter ao aprimorar sua segmentação? E o valor de sua experiência em gestão? E se um membro muito bom da equipe dela receber uma oferta de outra empresa, mas decidir ficar porque ela é uma ótima líder? Isso sem falar do valor que tem para você o fato de ela não trabalhar para seu concorrente, em especial se sua área estiver em um período de rápida inovação.

Nem a demanda atual do mercado nem as pesquisas salariais podem ajudar a calcular esses futuros acréscimos. Não estou dizendo que as pesquisas salariais não têm valor, mas recomendo reduzir os elaborados esforços para comparar maçãs com laranjas em relação ao que os outros estão pagando agora. É melhor focar mais no que você pode pagar pelo desempenho que deseja e pelo futuro ao qual está se dirigindo.

Separe avaliação de desempenho e sistema de remuneração

Uma das primeiras coisas que fiz na Netflix foi dissociar nosso sistema de remuneração do processo de feedback. Entendo que é difícil aceitar que isso seja possível, que dirá aconselhável. Esses sistemas se tornaram aparentemente indissociáveis. De fato, o vínculo estreito entre o processo de avaliação de desempenho, o aumento salarial e os cálculos de bônus é um dos principais fatores que impedem que as empresas se livrem do processo de avaliação. O que é uma boa razão para dissociar os sistemas.

A resistência à ideia dessa dissociação deriva, em grande parte, do que parece ser a óbvia lógica de amarrá-los. Em geral, as avaliações dos gestores sobre seus subordinados diretos – e às vezes as avaliações dos gestores pelos subordinados diretos e também por seus pares – são inseridas em um programa de computador que, em seguida, gera os aumentos salariais recomendados de acordo com faixas predeterminadas e vinculados a resultados de departamento, de divisão e da empresa. Um resultado melhor na avaliação de desempenho parece significar que essa pessoa vale mais para a empresa, então por que essa não seria uma boa maneira de descobrir quanto você deve pagar ao funcionário? Além do fato de o sistema anual de avaliação de desempenho (sobre o qual vamos falar mais adiante) ser ridiculamente demorado e ineficaz, o método de cálculo da remuneração não consegue levar em conta alguns fatores-chave que devem pesar nas decisões sobre salários. Um desses fatores é a importância das habilidades que os funcionários desenvolveram enquanto trabalhavam para você.

Cálculo do valor de trabalhar para você

No passado, eu também achava que não havia outra forma de calcular salários além de vincular o pagamento às avaliações de desempenho. Achava que o processo de avaliação anual e de cálculo de remuneração era ridiculamente complexo e odiava realizá-lo, mas acreditava que fazia sentido. Quando começamos a perder pessoas devido a ofertas salariais exorbitantes de nossos concorrentes, percebi que havia algo errado. Um dia, ouvi dizer que o Google tinha oferecido a um de nossos funcionários quase o dobro do que ele ganhava na Netflix, e fiquei louca da vida. Como ele era um funcionário muito importante, seu gestor entrou em pânico e decidiu que precisava fazer uma contraproposta. Eu estava certa de que não havia como pagarmos tanto. Comecei uma acalorada troca de e-mails com esse gestor e alguns vice-presidentes, argumentando que "o Google não deveria decidir os salários de todo mundo só porque eles têm mais dinheiro que Deus!". Discutimos por dias, e até no fim de semana. Eles me diziam: "Você não entende, ele é excelente!". Mas eu não ia ceder.

Então, no domingo de manhã, eu acordei e disse a mim mesma: *Ah! Claro! Não é de admirar que o Google queira esse sujeito. Eles têm razão!* O funcionário estava trabalhando em uma tecnologia de personalização incrivelmente valiosa, e muito poucas pessoas no mundo tinham sua experiência nessa área. Percebi que o trabalho dele conosco tinha lhe dado um valor de mercado totalmente novo. Rapidamente mandei outro e-mail. “Eu estava errada. Aliás, analisei os números e podemos dobrar os salários da equipe toda, não tem problema.” Essa experiência mudou nosso pensamento sobre remuneração. Percebemos que, para alguns cargos, estávamos criando nossa própria expertise e originalidade, e seguir com rigidez as faixas salariais internas poderia prejudicar financeiramente nossos melhores colaboradores, porque eles poderiam ganhar mais em outros lugares. Decidimos que não queríamos usar um sistema em que as pessoas tivessem que ir embora para ganhar o que valiam. Também incentivamos nosso pessoal a fazer entrevistas regularmente. Era a maneira mais confiável e eficiente de sempre saber quão competitivos eram nossos salários.

O valor de oferecer o melhor salário do mercado

Também percebemos que definir as faixas salariais em um percentual do salário mais alto do mercado, o que é uma prática comum, não garantiria a contratação dos melhores talentos de que precisávamos. Decidimos nos esforçar para pagar o mais alto salário do mercado. Muitas pessoas para quem dou consultoria dizem que situam os salários que pagam com base em um percentil do mercado, digamos um percentil de 65. Apesar de as pessoas às vezes pensarem que isso significa que a empresa está pagando 65% do salário mais alto do mercado por um determinado cargo, o que realmente significa é que 65% das pessoas nessa função ganham menos, e 35% ganham mais. Isso pode parecer bom, mas não só o cálculo é questionável (porque os cargos não podem ser comparados tão estritamente), como também muitas vezes não traz as melhores pessoas que você deseja contratar. E está totalmente distante de um cálculo dos resultados que você deseja ver. Avaliar de acordo com o valor de mercado não deveria significar atrelar a remuneração a uma taxa fixa em relação à faixa salarial de mercado; deveria significar estimar o valor geral de mercado para o trabalho que a pessoa fará por você *no período em que você precisa que seja feito.*

As pessoas me dizem o tempo todo: "Mas não podemos nos dar ao luxo de pagar o melhor salário do mercado. A alta remuneração foi ótima para a Netflix quando a empresa estava crescendo. Mas não estamos crescendo desse jeito e não temos margem para isso". Faz sentido. Talvez não seja possível, pelo menos no curto prazo, chegar ao valor máximo de mercado em todos os cargos. Então, sugiro identificar os cargos com maior potencial de aumentar o desempenho de sua empresa e pagar o melhor salário do mercado por eles, a fim de preenchê-los com as melhores pessoas que possa encontrar. Pense o seguinte: e se, pagando o melhor salário do mercado, você pudesse atrair uma pessoa extremamente talentosa e experiente que poderia fazer o trabalho de duas, ou até agregar mais valor que isso? Pense na conhecida regra 80/20 em relação às equipes de vendas: 20% dos vendedores de sua empresa vão gerar 80% de sua receita de vendas. Essa regra pode ser aplicada muito mais amplamente a outros tipos de funcionários. O que posso dizer é que vi um efeito comparável em inúmeras equipes.

Um interessante estudo feito pela Bain e publicado em um artigo da *Harvard Business Review* dá amplo respaldo ao valor dessa estratégia. O estudo analisou a distribuição de talentos em 25 empresas globais e constatou que, em média, apenas 15% dos funcionários eram "estrelas" de desempenho. Mas uma grande diferença entre as empresas mais bem-sucedidas e o restante era a natureza dos papéis dessas "estrelas". Os autores do artigo disseram: "As melhores empresas usam o não igualitarismo intencional", o que significa que "concentram suas estrelas em áreas em que esses indivíduos podem ter o maior impacto na performance da empresa. Como resultado, a maioria dos cargos cruciais para os negócios – acima de 95% – é preenchida por talentos de primeira linha". Nas outras empresas, as estrelas eram amplamente distribuídas pelos departamentos.

Outra objeção que ouço muitas vezes sobre contratar estrelas do desempenho pelo melhor salário é que sua remuneração será muito mais alta que a de seus novos colegas de equipe. Sei que esse tipo de desequilíbrio parece injusto; também lidei com objeções a essa prática na Netflix. Imagine que estivéssemos pensando em contratar alguém de outra empresa cujo salário é aproximadamente o dobro do que os demais membros da equipe recebem. Os chefes de departamento perguntariam: "Isso significa que estou pagando às pessoas metade do que elas valem?". E eu, por outro lado, perguntaria: "E essa nova pessoa será capaz de nos fazer avançar mais rápido, talvez até duas vezes mais depressa? E, quando a contratarmos, quem de sua equipe poderia ocupar o lugar dela na outra empresa?". Em geral, as respostas eram: "Bem, sim, seremos capazes de avançar muito mais rápido" e "Ninguém daqui poderia substituí-la, porque eles não têm a experiência dela".

Também decidimos na Netflix que, em vez de oferecer aos novos contratados aquilo que seria considerado um aumento razoável em relação ao salário anterior, pagaríamos o valor mais alto do mercado e insistiríamos na alta performance. Vamos supor que um gestor esteja entrevistando duas pessoas com históricos muito semelhantes. A mulher ganha 130 mil dólares por ano, e o homem, 150 mil, uma discrepância comum devido à longa história de discriminação salarial por gênero. Os dois são igualmente bons. O gestor deve oferecer 160 mil a ambos? A resposta é um enfático sim. Mas, quando dou esse conselho, em geral a reação é: "Isso é loucura! Se oferecermos à mulher 140 mil, ela ficará nas nuvens!". As pessoas também respondem que seria irresponsável, do ponto de vista fiscal, gastar mais dinheiro da empresa que o necessário. Mas isso só vale se você estiver pensando apenas em se ater a um orçamento, e não no valor que a pessoa vai gerar – se tudo der certo, em poucos anos – além de seu orçamento atual. Sem falar que o histórico de fixação de ofertas salariais perpetuou o viés salarial que levou as mulheres a ser mal remuneradas em grande parte da força de trabalho. Essa é a desigualdade que as empresas devem considerar injusta e inaceitável, e não os desequilíbrios em razão dos resultados.

Segundo minha experiência, se você se concentrar intensamente na contratação dos melhores que puder encontrar e os remunerar muito bem, quase sempre descobrirá que essas pessoas compensam *muito* mais em relação ao crescimento dos negócios que a diferença de remuneração.

O pensamento mágico do bônus de contratação

Obviamente, uma das maneiras de as empresas tentarem enfrentar a pressão do mercado para elevar a remuneração de funcionários importantes são os bônus, que se tornam cada vez mais elaborados e mal concebidos.

Quando eu trabalhava na Borland, estávamos contratando uma pessoa que morava a 50 quilômetros de distância, e o gestor me pediu para acrescentar à sua proposta um bônus por mudança de domicílio.

"O quê?!", exclamei eu. "Ele mora a 50 quilômetros de distância, não vai se mudar para cá." "Mas ele vai gostar", disse o gestor. Claro, e as pessoas também gostariam de um carro novo; isso significa que você deve lhes dar um?

Tenha em mente o seguinte: se você oferece um bônus dizendo que não faz parte do salário, que é um extra único, e acha que deixou claro que não será levado em conta no reajuste salarial do próximo ano, você está errado; a pessoa sem dúvida vai levar isso em conta. Então, ela passa de um salário de 100 mil dólares anuais a um de 120 mil, e você acrescenta mais 20 mil de bônus, sabendo muito bem que ela não vai usar essa quantia para se mudar, e, no ano seguinte, dá um aumento de 6% *sobre o salário*. Ela passa efetivamente de 140 mil em um ano para 127.200 no outro. Você acha que ela ficará feliz com isso?

Transparência ajuda a avaliar o valor de mercado

As empresas tendem a ser inflexíveis quanto a manter os salários e outras remunerações em sigilo. Um fundador para quem dei consultoria me disse que informações sobre remuneração são como informações médicas. Mas não são. Uma das coisas mais malucas é que empresas que pagam tanto para obter dados de pesquisas salariais em geral não os compartilham com seus funcionários, e isso deveria ser parte da justificativa sobre o salário que eles recebem. As empresas não devem relutar em explicar sua lógica de remuneração. Elas escondem as informações sobretudo porque muitas seguem alguma regra de percentual abaixo do valor máximo de mercado e pensam que seus funcionários vão achar que deveriam ganhar mais. E também acham que as pessoas vão reagir mal se descobrirem que ganham menos que colegas que consideram estar fazendo um trabalho de valor compatível.

Sem dúvida, o salário é um dos temas favoritos de reclamação e fofoca. E esse é justamente um bom motivo para ser mais transparente. Ser aberto permite que você explique por que algumas pessoas são remuneradas de uma maneira, e outras, de forma diferente. Ter um bom argumento para a discrepância reforça que você tem uma cultura de desempenho. Se você não tem uma justificativa que possa compartilhar abertamente com os funcionários, então deve analisar bem por quê.

Faz muito tempo que acredito que uma das melhores maneiras de garantir uma remuneração adequada e bem justificada é praticar um diálogo aberto sobre salários e a filosofia por trás deles. Uma das principais razões de as pessoas pensarem que a divulgação dos salários seria incendiária é que muitas vezes a remuneração é irracional, baseada mais no chefe que gosta de um funcionário, ou no tempo de casa, que na contribuição para os resultados. Se as pessoas ganham com base em suas contribuições reais, você pode dizer: "Sei que ela ganha 325 mil dólares por ano, e isso parece desproporcional em relação ao que você ganha, mas aqui estão as cinco ocasiões em que estivemos em uma situação muito complicada e essa pessoa foi crucial para nos tirar dela. Esse é o valor líquido para a empresa das boas decisões dela". Claro que instituir tal abertura é algo a ser feito com muito cuidado, comunicando claramente o motivo pelo qual os dados estão sendo compartilhados e qual é a lógica por trás dos salários.

Quer dizer, então, que estou defendendo a vinculação da remuneração às avaliações de desempenho? Não, estou defendendo a vinculação da remuneração ao desempenho apenas, ponto final. E, pela maneira como as avaliações costumam ser feitas, há uma grande diferença entre os dois. Talvez a evidência mais forte disso seja o problema generalizado de as mulheres ainda não ganharem o mesmo que os homens. A transparência com certeza aceleraria a solução desse problema.

As pessoas adoram alegar que o Vale do Silício não pode pagar às mulheres mais que 70% do salário dos homens porque elas não negociam bem. Acho que tem mais a ver com preconceito e com o fato de as mulheres dominarem os departamentos de RH e financeiro, funções tradicionalmente mal remuneradas. O mais bem pago funcionário de RH ganha metade do salário típico de um talento técnico. Isso em parte se deve à lei de oferta e demanda, dada a escassez de talentos técnicos, mas também reflete a dificuldade de vincular os resultados dos negócios ao desempenho nessas áreas. Quando recomendo que as empresas equiparem os salários das mulheres – considerando, é claro, medidas objetivas de resultados –, em geral ouço: "Não podemos consertar isso!". Eu estava conversando com um CEO sobre esse assunto e ele disse: "Meus advogados nunca me deixaram fazer isso". "Qual é a preocupação de seus advogados?", perguntei. "Eu seria processado", disse ele. "Você daria um aumento a suas funcionárias, e elas o processariam? Acho pouco provável que isso aconteça." "Não, não, não! Elas me processariam porque eu estaria admitindo estar errado antes", ele explicou. "Mas você está errado!", argumentei eu. E essa é a verdadeira responsabilidade.

Quanto à ideia de que as mulheres não negociam bem... Dê a elas informações para fundamentar melhor seus argumentos e garanto que muitas delas, muitas mesmo, se sairão bem nessa tarefa.

Em resumo

- As habilidades e os talentos necessários para determinado cargo não necessariamente correspondem à descrição padrão do cargo, e os salários não devem ser predeterminados segundo esses padrões.
- As informações provenientes de pesquisas salariais estão sempre atrasadas em relação às condições atuais do mercado; não confie nelas para fazer propostas salariais.
- Leve em conta não apenas o que você pode pagar dadas as suas condições atuais, mas também o que poderá pagar considerando a receita adicional que um novo contratado lhe permitiria obter.
- Em vez de basear os salários em um percentil do valor máximo de mercado, pague o máximo, se não em todas as funções, pelo menos nas mais importantes para seu crescimento.
- Os bônus de contratação podem dar a impressão de uma redução salarial no ano seguinte à chegada da pessoa; pagar o salário que você precisa pagar a fim de obter o melhor desempenho é a melhor opção.
- Ser transparente com a equipe em relação à remuneração incentiva uma análise melhor dos salários e reduz os vieses, além de oferecer a oportunidade de um diálogo mais honesto sobre as contribuições de várias funções para o desempenho da empresa.

PERGUNTAS PARA REFLEXÃO

- Quem de sua equipe cresceu consideravelmente em habilidades e proficiência desde o momento em que entrou na empresa? Você acha que a está remunerando em um nível proporcional ao valor com que contribui agora?
- Você sabe se algum funcionário seu foi contatado por outra empresa recentemente? Você já disse a todo o seu pessoal que quer que eles falem abertamente sobre isso?
- Até que ponto você acha que estar vinculado a faixas salariais predeterminadas o impede de formar a melhor equipe possível?
- O que acha que sua equipe conseguiria produzir se você pudesse contratar como gostaria? Pode argumentar em favor disso com seus superiores?
- Se você pudesse selecionar determinadas funções para as quais contrataria "estrelas", com a remuneração máxima do mercado, quais seriam, e por quê?
- Você examina regularmente os salários em busca de vieses não intencionais? Não precisa ser um exercício de *big data*; talvez só uma olhada no salário médio por cargo para homens e mulheres.

8

A arte da boa despedida

Faça rapidamente as mudanças necessárias e seja um ótimo ex-empregador

Nós tínhamos um diretor de engenharia na Netflix cuja tarefa era melhorar nossos recursos de busca, uma das principais prioridades da empresa. O streaming estava decolando e precisávamos ajudar as pessoas a encontrar com mais facilidade todo o nosso excelente conteúdo. O Facebook também estava decolando na época, e esse diretor começou a defender que deveríamos trabalhar com eles e criar uma grande presença lá. Ele fez um discurso apaixonado sobre isso em uma reunião da empresa. A equipe executiva respondeu que o Facebook não era uma de nossas cinco prioridades. Melhorar nossas capacidades de busca era, e reiteramos que isso era extremamente importante, e era nisso que queríamos que ele se concentrasse. Mas ele continuou insistindo para entrarmos no Facebook, e por fim decidi conversar com ele sobre isso.

Eu disse: "Veja, todos nós sabemos sua opinião sobre o Facebook, mas você cuida das buscas. Talvez você deva trabalhar no Facebook. Eles o contratariam em um minuto.

Vamos sentir muito a sua falta; pode me chamar de louca, mas precisamos que a pessoa que cuida das buscas para nós se dedique".

Ele era brilhante, mas nós não precisávamos só de alguém brilhante. Precisávamos, nessa função, de uma pessoa brilhante que de fato quisesse liderar uma equipe para realizar essa tarefa. Ele acabou saindo para trabalhar em uma startup, outra pessoa de sua equipe assumiu seu cargo e adorou.

Um dos benefícios de os líderes comunicarem claramente para todos aonde estão indo e os desafios e oportunidades que o futuro reserva é que isso capacita melhor as pessoas a avaliar como suas habilidades se encaixam nesse futuro. Elas também têm a chance de avaliar se querem fazer parte desse futuro e, se não quiserem, podem proativamente procurar novas oportunidades.

Lembra-se do engenheiro que ficava me dizendo que a gestão não entendia quanto a natureza do trabalho na Netflix tinha mudado desde os primeiros tempos? Bem, a verdade era que ele não tinha interesse em trabalhar em uma grande corporação. Como o sujeito inteligente que era, logo começou a olhar em volta e ver aquele cenário incrivelmente vibrante de startups, e encontrou uma oportunidade de trabalhar da maneira que tanto adorava. Todos precisamos estar preparados para fazer mudanças periodicamente, seja dentro da empresa ou indo para uma nova empresa, a fim de trabalhar da maneira que adoramos e fazer coisas pelas quais somos apaixonados. Também devemos saber se não estamos tendo um desempenho suficientemente bom, para que possamos fazer correções rápidas ou ir para outra empresa.

Avaliação de desempenho a cada dez jogos

Uma razão de a analogia com os times esportivos ser tão útil na gestão de pessoas é que todos sempre entendem que os treinadores decepcionam o time e os fãs quando não substituem jogadores que não estão tendo seu melhor desempenho. Vencer jogos é a única medida de sucesso para um time, e é por isso que não só os jogadores, mas também os técnicos, são substituídos rapidamente nas equipes de melhor desempenho.

Não sou uma grande fã de esportes, mas posso dizer que virei uma grande admiradora de bons técnicos. Desde que comecei a prestar consultorias, às vezes me convidam para falar com treinadores esportivos profissionais. Em uma dessas ocasiões, fui parar em Montreal, para participar de um debate no Center Bell, que é a maior arena de hóquei do mundo, lar dos Montreal Canadiens. Eu estava em uma área de espera com a outra pessoa que estaria no palco comigo, Scotty Bowman, de quem nunca havia ouvido falar. Ele é técnico aposentado da National Hockey League e teve uma carreira notável, com a maior quantidade de vitórias na história da NHL, treinando o Canadiens, o Pittsburgh Penguins e o Detroit Red Wings, entre outros times, e levando esses três ao recorde de nove vitórias na Stanley Cup.

Estávamos conversando sobre golfe e sobre seus netos quando Scotty apontou para o teto e disse: "Sabe, Patty, estamos embaixo do gelo". Não entendo nada de hóquei, mas achei emocionante estar ali com ele. O moderador me apresentou primeiro, e subi ao palco sob aplausos educados, meio assustada por estar naquele enorme estádio de hóquei com três imensos holofotes sobre mim e vendo meu rosto em uma tela do tamanho de um outdoor. Então, o moderador apresentou Scotty, e, enquanto ele subia ao palco, a multidão foi à loucura. Naquele momento me dei conta de que ele era um deus do hóquei, e eu estava naquele famoso estádio onde ele havia levado o time a tantas vitórias. O moderador se virou para Scotty e disse: "Sr. Bowman, você treinou muitos jogadores famosos e levou-os a um enorme sucesso. Qual é seu segredo? Como você dava feedback a eles?".

E Scotty respondeu: "Bem, temos uma temporada de 80 jogos, e a cada dez jogos eu me sentava com eles individualmente. Eu lhes mostrava todas as estatísticas e pedia que outras pessoas, por exemplo, outros treinadores ou outros membros do time, também dessem feedback, e o jogador fazia uma autoavaliação. Depois conversávamos sobre o que fazer nos dez jogos seguintes". "Obrigado, sr. Bowman!", disse o moderador, que então se virou para mim: "Patty, você é conhecida por não acreditar na avaliação anual de desempenho, mas nunca ouvi o que você recomenda que seja feito no lugar disso." Eu apontei para Scotty e respondi: "O que ele disse!".

Os problemas do sistema anual de avaliação de desempenho não se resumem apenas ao fato de ele ser rígido e estritamente vinculado às decisões sobre remuneração. Também é muito demorado e caro. E, apesar da dedicação de tanto tempo e recursos, em geral nem é bom para dar o feedback e o treinamento de que as pessoas precisam. Muitos gestores confiam demais nessa avaliação formal anual para dizer aos funcionários como estão se saindo e definir metas para eles. Se você é um gestor que não tem autonomia para acabar com as avaliações anuais, tudo bem, mas comece a fazer reuniões individuais frequentes com seu pessoal, como Scotty Bowman descreveu. Isso é muito mais eficaz e mais humano. Quando surgem problemas de desempenho, quanto mais cedo você os abordar com as pessoas, mais facilmente elas verão o que não estão fazendo bem e providenciarão as correções necessárias. Muitas vezes, as pessoas são criticadas em uma avaliação anual por algum déficit de performance em relação a muitos meses anteriores. E legitimamente pensam: *Por que você não me disse isso meses atrás? Agora vou receber um aumento ínfimo sem ter tido a oportunidade de resolver o problema.*

Também acredito que informar as pessoas sobre como seu desempenho está sendo percebido por colegas de equipe e outros funcionários é inestimável, pois isso lhes permite obter uma perspectiva crítica. Se o feedback negativo vem de outras pessoas além do chefe, é muito mais difícil recorrermos à fácil racionalização de que o chefe está só sendo tendencioso ou que tem um problema pessoal conosco.

Por que não acabar com as avaliações formais?

Vejamos a pergunta que fiz ao diretor de recursos humanos (CHRO) de uma grande corporação sobre seu processo de avaliação de desempenho. A equipe executiva queria que eu sugerisse formas de tornar o processo mais eficaz e eficiente. Eu disse à gerente de RH, que tinha me telefonado, que achava que talvez eles não se interessassem em trabalhar comigo, porque eu tinha certeza de que não iam gostar do que eu recomendaria. Ela insistiu, e concordei em fazer uma teleconferência de uma hora com a equipe. A gerente de TI e eu nos conectamos à reunião antes dos demais; então perguntei a ela: "O que você acha do processo de avaliação de desempenho da empresa?". "Eu odeio!", ela respondeu. "Tenho uma equipe enorme e estamos no meio dessa avaliação agora. Por que você acha que demorou três semanas para agendarmos esta teleconferência? Ninguém tem tempo para fazer mais nada. Praticamente paramos de trabalhar para fazer avaliações de desempenho. É uma quantidade insana de tempo."

Quando já estavam todos conectados, fiz minha pergunta favorita sobre o processo de avaliação: "Vocês têm alguma prova do valor do processo de avaliação anual para seu negócio?". Como sempre, eles não haviam feito nenhum estudo que pudesse fornecer esse valor. Mas o mais importante para a gerente do RH era: "Patty, o que realmente queremos é saber como torná-lo mais eficiente".

Se você não consegue encontrar dados bons e sólidos que demonstrem que o processo está contribuindo para alguma métrica importante do negócio, recomendo fortemente fazer pressão para acabar com ele. Quando aconselhei o CHRO em nossa teleconferência a acabar com o sistema, ele respondeu: "E o que devemos fazer, então?". Boa pergunta. Várias empresas excelentes – grandes e pequenas – abandonaram o sistema tradicional e instituíram novas abordagens. Accenture, Deloitte, General Electric e muitas outras concluíram – assim como nós, na Netflix – que o processo de avaliação de desempenho era defeituoso e consumia muito tempo. Muitas alternativas incríveis foram desenvolvidas. Quando eu trabalhava na Pure Software, substituímos a avaliação de desempenho anual por avaliações trimestrais, que eram muito melhores. Talvez seja um bom primeiro passo. Um CEO a quem recomendei isso me disse: "Mas acho as informações da avaliação anual tão valiosas...". Tudo bem, mas será que essas informações não seriam mais valiosas se fossem mais frequentes?

Entendo que, para muitas empresas, simplesmente abandonar um processo tão elaborado é impraticável. Mas por que não tentar acabar com ele em algum canto da empresa e ver o que acontece? Ou você pode fazer a mudança por etapas. Foi assim que a GE saiu do processo de avaliação de desempenho, que era aplicado havia décadas. A empresa fez programas-piloto testando mudanças no sistema com 30 mil funcionários ao redor do mundo e ouvindo seus comentários sobre como melhorá-lo. Em seguida, implementou uma nova abordagem com um aplicativo móvel que permite feedback em tempo real, continuamente, ao longo do ano.

O que me leva ao outro elemento do processo de avaliação de desempenho predominante que aconselho que seja bastante aprimorado ou simplesmente abandonado.

Descanse em paz, PIP (ou ajude de verdade as pessoas a melhorar seu desempenho)

A sabedoria convencional diz que, se uma empresa está pensando em despedir um funcionário, deve colocá-lo em um PIP (*performance improvement plan*, ou plano de melhoria de desempenho). A maneira como os PIPs costumam ser executados é cruel, porque tudo o que querem é provar que alguém é incompetente. Muitas vezes, o problema nem é a pessoa não ter uma alta performance, ou não ter potencial para apresentar uma alta performance em outra função e outra empresa. Muitas vezes, não há nada errado com a maneira dela de trabalhar ou com o esforço que faz, ou com a maneira como interage com colegas ou superiores. Essa pessoa pode ser fabulosa. A questão é que ela simplesmente não é mais adequada para a função ou não terá uma alta performance na próxima tarefa que você precisa que seja realizada. E não há razão para colocar em um plano de melhoria de desempenho pessoas que simplesmente não têm as habilidades necessárias.

Também percebi que, quando você contrata alguém e descobre que ele não funciona no cargo, o problema está no processo de contratação, não no indivíduo. Você simplesmente contratou a pessoa errada. Não é culpa dela! Portanto, você não deve fazê-la se sentir culpada.

Se passarmos a encarar as demissões dessa forma, poderemos ter uma conversa mais honesta com as pessoas, sem depreciá-las. Não há necessidade de rotulá-las como um fracasso. Basta salientar que não se encaixam no que precisamos. Não é nada pessoal, e não se trata de fracasso. Trata-se de alinhar habilidades e conhecimentos com os objetivos da equipe. Isso não quer dizer que as pessoas não vão ficar desapontadas, tristes ou chateadas. Já chorei em muitas demissões, como qualquer outra pessoa. Mas, em última análise, as pessoas entendem e valorizam o fato de você não estar mentindo para elas.

Durante grande parte da minha carreira em RH, dediquei muito tempo aos PIPs. Acho que eles têm potencial para funcionar bem, e vamos falar disso daqui a pouco. Mas, quando comecei a trabalhar de perto com as equipes de programação da Netflix, entendi que às vezes é do interesse de todos que a pessoa arranje outro emprego logo, em vez de continuar tentando melhorar seu desempenho. Vi algumas equipes se atrasarem nos prazos repetidas vezes e percebi que não era porque as pessoas não estavam trabalhando duro; elas estavam, sim. Mas simplesmente não sabiam o que estavam fazendo! Sim, às vezes os gestores e os colegas podem ensinar as pessoas, mas muitas vezes é vital encontrar gente que possa fazer o trabalho *agora*. E prolongar os esforços para ajudar a pessoa a melhorar muitas vezes a impede de fazer um verdadeiro progresso – em outra empresa.

Uma das equipes da Netflix contratou um sujeito que todo mundo amava. Depois de entrevistá-lo, eu estava convicta de que deveríamos continuar procurando alguém mais qualificado. Mas a equipe disse: "Não! Vamos ensinar tudo para ele". "Talvez", disse eu, "mas ele só estará pronto daqui a seis meses, sendo que precisamos de alguém *agora*."

Eles insistiram. Seis meses depois, o pobre rapaz ainda estava com dificuldades, e sua equipe estava totalmente frustrada e atarefada compensando seu déficit. Enquanto isso, liguei para uma pessoa do RH da Apple que eu conhecia muito bem e recomendei o rapaz, e ele conseguiu um ótimo emprego lá antes mesmo de ser mandado embora. No último dia, ele entrou em minha sala e me deu flores, uma graça.

Sem dúvida, existem muitos casos em que o PIP pode ser usado para ajudar uma pessoa a fazer melhorias vitais em seu desempenho. E esse deve ser o único objetivo de tal processo. Se existir uma maneira clara de ajudar uma pessoa a se familiarizar com uma habilidade ou um conjunto de habilidades em um período razoável, maravilha, faça isso. Essas habilidades podem não ser requisitos básicos para o trabalho, como aprender um novo programa ou adquirir proficiência em fazer apresentações. Podem ser habilidades mais qualitativas, "leves", como ser um colega melhor ou aprender a lidar melhor com as pessoas. Já vi muitos funcionários aprimorarem consideravelmente suas habilidades com pessoas. O segredo é ser realista em relação à probabilidade de que melhorias significativas aconteçam. E certifique-se de que a melhoria seja o verdadeiro objetivo, e não a justificativa para demitir alguém. Senão, o mais responsável a fazer é renunciar ao processo.

Os funcionários raramente processam a empresa

Muitas pessoas me criticam quando recomendo abandonar o PIP, porque acham que é um requisito para evitar serem processadas. Acho que as pessoas não percebem como é difícil processar uma empresa e quanto tempo isso leva – em muitos casos, anos. Segundo minha experiência, as pessoas processam ex-empregadores porque acham que foram tratadas de maneira injusta, não porque não passaram por um plano de melhoria. De modo geral, é porque não foram informadas sobre a verdade – quando deveriam ter sido – a respeito de seu desempenho ou sua adequação. Descobri que, em geral, se as pessoas são loucas a ponto de processar, é porque houve um momento em que alguém deveria ter lhes dito: "Você está agindo como um idiota! Está nos deixando loucos! Não vamos mais querer você por aqui se continuar tratando as pessoas assim". Ou porque, se havia indicações de que o futuro seria significativamente diferente do presente, ninguém lhes disse: "Quero que saiba que, daqui a seis meses, o sucesso será assim; isso é bem diferente do que estamos fazendo agora. Vai exigir experiências novas e maneiras diferentes de fazer as coisas. E, se eu estivesse recrutando do zero para essa equipe do futuro, acho que não contrataria você". Essa conversa pode ser dolorosa, mas é honesta, e permite que você avalie melhor se uma pessoa é ou não capaz de se adaptar, ou se quer se adaptar. Muitas vezes, as pessoas sabem que não estão fazendo seu trabalho bem, e que ele não tem sido nada divertido. Falar abertamente sobre o problema é um alívio. Depois que um gestor me avisou que devíamos demitir uma pessoa, ela me disse: "Ele me deu a corda para eu me enforcar, e me enforquei duas vezes; diga a ele que poderia ter me dado metade da corda, assim, eu saberia antes".

A ironia de usar o PIP como um meio de evitar um processo é que, na verdade, ele alimenta as chamas do ressentimento, e tudo por causa do medo de ser honesto.

Sobre "engajamento"

"Engajamento" é um termo que, quando usado nos negócios, me desagrada tanto quanto "empoderamento". Em uma palestra que dei para uma sala cheia de funcionários de RH, perguntei: "Quantos aqui já demitiram alguém?". Todos levantaram a mão. Então, perguntei: "E quantos já demitiram um membro da família?". Nenhuma mão. "No entanto", prossegui, "quantos aqui usam a palavra 'família' no trabalho todo dia?".

Durante grande parte de minha vida trabalhando com RH tradicional, fiz muita "terapia de casal". O tempo todo as pessoas queriam que eu realizasse sessões de aconselhamento entre chefes e funcionários. A certa altura, não aceitei mais fazer isso, porque toda vez que eu tentava intervir o tiro saía pela culatra. O essencial mesmo é ensinar não apenas aos gestores, mas a todos os funcionários, que devem falar abertamente sobre os problemas que enfrentam.

Outro motivo por que eu odeio a palavra "engajamento" como a usamos na vida profissional é que dá a entender que o problema na performance é o fato de as pessoas não estarem engajadas com seu trabalho. Sejamos sinceros: pessoas assim são fáceis de achar. Se toda alta performance dependesse de demitir pessoas não engajadas, todas as empresas estariam prosperando.

Recentemente, em uma reunião com uma brilhante diretora de RH, tivemos uma conversa que serve como um alerta sobre a ideia de se concentrar demais no engajamento. Ela trabalhava em uma empresa fazia oito semanas e já havia conduzido uma análise seriamente reveladora sobre como o engajamento dos funcionários acompanhava o desempenho de cada um. Ela examinou em detalhes o mapa de satisfação da empresa, que media quanto os funcionários estavam felizes e engajados, e comparou esses resultados com o desempenho das equipes. Segundo ela, a boa notícia era que a maior parte da empresa era verde no mapa, o que significava funcionários muito engajados e felizes. Mas a má notícia era que as equipes com desempenho inferior estavam tão verdes quanto as que se saíam muito bem. Isso é uma prova impressionante de que não existe um vínculo tão simples entre engajamento e desempenho. Sobrepondo as métricas do negócio às métricas de felicidade, ela permitiu que a empresa começasse a diferenciar, com muito mais eficácia, o que estava acontecendo com as equipes de alta performance e as de baixa performance.

De acordo com minha experiência, os funcionários de alta performance em geral ficam meio frustrados com o desempenho da equipe, em vez de satisfeitos com o fato de tudo estar uma maravilha e a vida ser boa. Eles estão sempre fazendo pressão por ótimos resultados, e alcançá-los costuma exigir um pouco de dor e uma dose de descontentamento. É esse compromisso com a realização que queremos promover, e não a expectativa de que, enquanto der duro, você ficará na empresa.

Não devemos fazer falsas promessas de estabilidade no emprego. Eu estava dando consultoria para um CEO, e ele me perguntou: "O que devo fazer com nossa equipe de SAC? O resto da empresa se mudou para outro prédio, e acho que não queremos levar nosso SAC para lá. Talvez seja melhor terceirizar esse trabalho agora". "Por que você mentiu para eles?", perguntei. "Do que você está falando? Eu nunca faria isso! Nunca, nem em um milhão de anos!", respondeu ele. "É verdade que você disse que todos os seus funcionários tinham futuro na empresa, que a carreira deles continuaria ali enquanto estivessem dispostos a contribuir?" Ele respondeu: "Sim, eu disse, mas isso foi anos atrás!". "Pois seus recrutadores estão citando suas palavras e continuam dizendo isso todos os dias." Falsas promessas só farão as pessoas se sentirem traídas.

As pessoas costumam me procurar depois das palestras para pedir orientação de carreira. Eu digo: "Você precisa ser um eterno aprendiz, precisa sempre adquirir novas habilidades e ter novas experiências, e isso não precisa ser na mesma empresa. O fato é que, às vezes, você é contratado por uma empresa para fazer uma coisa, faz e pronto. Se eu contratar alguém para reformar minha garagem, quando a pessoa acabar, não vou precisar que ela reforme o quintal".

Meu algoritmo

Eu sempre digo aos gestores que, para avaliar suas equipes, eles devem usar uma regra simples (que chamo de algoritmo, porque os engenheiros adoram essa palavra, e eu adoro engenheiros): será que aquilo que essa pessoa adora fazer, aquilo em que é extraordinariamente boa, é algo importante para nossa empresa agora?

Essa maneira de pensar é igual a raciocinar sobre qualquer outra atividade comercial. Baseia-se no pensamento crítico e remove a emoção da decisão. Os funcionários também podem usar o algoritmo para avaliar se devem permanecer em uma empresa ou começar a procurar um emprego mais adequado.

Outra coisa boa é que ajuda os gestores que precisam fazer uma contratação a reconhecer os talentos e as paixões de uma pessoa, em vez de se fixarem naquilo que ela não é capaz de fazer, e também os ajuda a orientar as pessoas a encontrar um emprego no qual se encaixam melhor. Outra regra maluca do RH tradicional é que os gestores não devem dar referências de pessoas demitidas. Isso também acontece pelo medo de serem processados. Mas você pode falar abertamente com as pessoas e dizer que tipo de referências pode dar, deixando que elas decidam se querem ou não.

Eu costumava me sentar com meus futuros ex-funcionários e dizer, por exemplo: "Certo, já concluímos que você não é um líder de equipe; mas, tudo bem, você é um engenheiro bastante talentoso. Será um prazer dar boas referências de sua perspicácia técnica, mas não serei uma boa opção se precisar de elogios a suas habilidades de gestão".

Assim como fiz com o programador que ajudei a obter um emprego na Apple, eu recomendava para outras empresas as pessoas que estavam nos deixando. Muitas tiveram carreiras prósperas em outros lugares. Elas não devem levar consigo o estigma de terem sido demitidas. O fracasso em uma empresa pode ser o tesouro de outra. Aprendi que mesmo pessoas que eu considerava não muito boas conseguiam ser muito bem-sucedidas porque encontravam um lugar onde se encaixavam perfeitamente.

Um de meus casos favoritos sobre alguém que encontra seu encaixe perfeito é de uma designer que eu simplesmente adorava. Ela estava na Netflix desde os primeiros dias e tinha vivenciado muitas mudanças. Trabalhava incansavelmente e era bastante talentosa, mas, como o produto se transformava cada vez mais e exigia outro tipo de design, suas habilidades deixaram de ser as ideais. Foi muito difícil demiti-la, e eu disse: "Não se esqueça de mim, OK? Pode contar comigo para o que precisar". Ela arranjou um ótimo emprego em uma das melhores empresas do Vale do Silício. Então, um dia, fui me encontrar com a diretora de RH da Microsoft, e enquanto estava sentada no saguão essa designer passou. Gritei: "Querida, o que está fazendo aqui?". Ela me contou que estava fazendo uma entrevista de emprego. Tivemos uma conversa ótima e, quando a diretora de RH apareceu, a designer e eu nos abraçamos. Quando me afastei, a diretora comentou: "Soube que você costuma demitir as pessoas de uma forma proativa e manter contato. Como você faz isso? Fale de alguém que você demitiu e com quem ainda tem uma boa relação". "Bem, eu tive que demitir aquela mulher com quem eu estava conversando há pouco." Ela exclamou: "Mas ela abraçou você!". "Sim, eu a adorava, e ainda adoro!"

Incorporar e viver a cultura

Não há dúvida de que, para os gestores, um dos componentes mais difíceis de assimilar da cultura Netflix – se não o mais difícil – foi a disciplina de demitir pessoas de forma proativa. Mas a maioria se acostumou com isso.

John Ciancutti, um de meus ex-funcionários favoritos da Netflix, foi incrivelmente claro ao falar sobre como passou por essa transformação. Ele me disse: "A maneira como aprendemos a trabalhar com as pessoas, a não lhes contar verdades duras, é completamente diferente de como a Netflix tentava nos levar a agir, de modo que tínhamos que lutar contra nossos próprios instintos. E, no meu caso, eu realmente aprendi a aceitar o modelo da Netflix depois de contratar um sujeito que tinha um currículo superforte e que arrasou na entrevista, mas que não conseguia produzir no ambiente da empresa. Ele não era um bom executor, e na Netflix não bastava ser inteligente; a pessoa precisava fazer muito. Aprender a lidar com isso e mandá-lo embora, apesar de ele ser muito popular, foi aprender a incorporar a cultura da empresa, e ter a confiança para demiti-lo foi um ponto de virada para mim".

Jessica Neal, que foi nossa vice-presidente de recrutamento, saiu da Netflix e agora trabalha em uma ótima startup, Scopely, cujo CEO é realmente inovador e quer construir uma cultura de liberdade e responsabilidade. Ela está ensinando aos gestores a beleza de fortalecer proativamente suas equipes. Ela me contou que algumas equipes estavam fazendo um bom trabalho, mas não um ótimo trabalho, e que ajudou os líderes a perceber que precisavam implementar mudanças. Ela comentou: "Eles me procuram e dizem: 'Nossa, minhas reuniões de equipe melhoraram muito. Estamos caminhando mais depressa. Eu não sabia quanto peso carregávamos'".

Um de meus melhores momentos na Netflix foi pouco antes de eu sair, quando um vice-presidente, Kevin McEntee, que eu não via fazia muito tempo, agendou uma reunião comigo. Quando perguntei qual era o problema, ele disse que ia demitir uma das líderes de equipe que estava na empresa fazia muito tempo, mas que realizava uma tarefa que haviam eliminado. Ele disse: "Eu venho conversando com ela sobre isso nos últimos dois meses, de modo que ela sabe o que vai acontecer. Seu último dia será sexta-feira, vou falar com ela por volta das dez da manhã. Depois vou mandá-la para você, porque sei que ela vai querer se despedir. Em seguida, vou reunir o restante da equipe pessoalmente e conversar com eles a respeito. Então mandarei um e-mail para todas as outras equipes, e à noite contarei às demais equipes de gestão, para não serem pegas de surpresa. Sei o que vamos dizer às pessoas: que ela é muito boa e que está seguindo seu caminho". Quando ele terminou, só pude dizer: "Que bom que pude ajudar!". Ele riu. "É, não sei por que vim aqui", ele comentou. "Não, foi ótimo. Fico muito orgulhosa de você ter pensado em tudo isso sozinho."

Na semana seguinte, outro gestor me procurou dizendo: "Tenho uma pessoa problemática na equipe". Eu disse que ele deveria falar com Kevin. Ele pareceu ofendido e disse: "Mas eu vim falar com você". "É que você vai aprender mais sobre como isso funciona em nossa cultura se conversar com outro líder" respondi.

Incutir a crença na prática se torna mais fácil à medida que os gestores se convencem dela. Quanto maior a densidade de grandes formadores de equipes, mais você pode espalhar a prática organicamente.

Vivendo na pele

Não estou defendendo isso apenas como alguém que viu os resultados positivos para os outros; também passei pelo processo de reconhecer que estava na hora de seguir em frente de forma proativa, como fiz quando fui para a Pure trabalhar com Reed. Tive que seguir em frente, mesmo sendo muito difícil para mim. A certa altura, quando trabalhávamos juntos na Netflix, Reed e eu tivemos que aceitar o fato de que estava na hora de eu ir embora. Como qualquer um que trabalhou duro e ajudou a construir algo de que se orgulha, pensar em sair foi doloroso. Talvez a parte mais difícil tenha sido me afastar de um futuro emocionante do qual eu não faria parte. Eu já havia experimentado isso muitas e muitas vezes do outro lado da mesa, mas não fiquei imune à emoção da situação. Mas eu tinha um enorme respeito pela disciplina de Reed para escolher sua equipe para o futuro.

Eu absolutamente amei meus 14 anos na Netflix e sinto orgulho e satisfação por tudo o que realizamos – sobretudo pelo modo como construímos a cultura da empresa. Mas, agora, também estou adorando a oportunidade de compartilhar o que aprendi com outras empresas, em particular com tantos fundadores de startups criativos e brilhantes. Assim como já vi acontecer com muitos funcionários da Netflix que assumiram novos desafios, é muito emocionante aplicar as lições que aprendi para ajudar outras organizações dinâmicas a descobrir o caminho a seguir.

Reed e eu tivemos uma despedida muito boa. Foi uma louca e emocionante aventura, e somos amigos para sempre. Ainda digo "nós" quando me refiro à Netflix – e provavelmente sempre direi. Este livro de conselhos é o resultado direto de minha trajetória e dos experimentos que desenvolvi lá. Sempre vou acompanhar o sucesso da empresa e de seus funcionários. E, ao ver a Netflix ganhar tantos prêmios e se tornar parte do cenário do entretenimento, eu não poderia estar mais feliz. A Netflix não vai parar de avançar, nem eu.

Muitas matérias jornalísticas sobre o mercado de trabalho nos últimos anos lamentam o fim do emprego vitalício. Não há dúvida de que as rupturas no mundo corporativo contemporâneo podem ser terrivelmente estressantes e infligir custos terríveis aos funcionários e suas famílias, além de deixar muitas pessoas para trás. O fato de tantas pessoas qualificadas e trabalhadoras perderem um emprego gratificante e cheio de propósito é uma tragédia que a comunidade empresarial e nossos políticos precisam reparar de alguma forma mais eficaz. A melhor maneira de empresas e indivíduos enfrentarem o dinamismo feroz e competitivo do mundo corporativo atual é se manterem flexíveis, desenvolverem novas habilidades e adquirirem a experiência necessária para o sucesso futuro. Todos nós devemos nos preparar proativamente para o caminho que está a nossa frente.

Os gestores não fazem bem para os funcionários ao "adoçar" verdades difíceis, esperando até o último momento para demiti-los ou colocando-os em funções que eles não querem ou de que a empresa não precisa. Os efeitos disso tudo são desestimulantes, desanimadores e corrosivos, tanto para os indivíduos em questão quanto para equipes inteiras. As pessoas merecem saber a verdade sobre suas perspectivas em tempo real. Ser totalmente honesto com elas e apoiá-las na busca de novas oportunidades é a melhor maneira de garantir que elas e suas equipes possam prosperar.

***

É preciso prática e coragem para melhorar no quesito "dizer a verdade". É preciso encontrar seu poder pessoal. Essa tarefa nunca acaba, então está na hora de começar!

Em resumo

- Os funcionários precisam ser capazes de ver se seus talentos e suas paixões se encaixam no futuro que a empresa tem em mente, a fim de decidir se poderiam se dar melhor em outra empresa.
- As pessoas precisam ter um retorno sobre o próprio desempenho com regularidade. Mesmo que não seja viável eliminar o processo de avaliação de desempenho anual, faça reuniões muito mais frequentes para discutir questões de performance.
- Se abolir o processo de avaliação de desempenho anual for uma opção para você, experimente! O processo é uma grande perda de tempo e pode ser substituído por informações em tempo real sobre performance.
- Faça planos de melhoria de desempenho com esforços genuínos para ajudar as pessoas a melhorar, ou livre-se delas.
- As chances de você ser processado por um funcionário demitido são muito pequenas, principalmente se compartilhar com a pessoa – com responsabilidade e regularidade – os problemas que percebe em seu desempenho.

- O foco no engajamento dos funcionários é equivocado; não há necessariamente uma correlação entre alto engajamento e alta performance. Também não há necessariamente uma correlação entre alta performance em uma função atual e alta performance em uma função no futuro.
- Use meu algoritmo para tomar decisões sobre os funcionários: será que aquilo que essa pessoa adora fazer, aquilo em que é extraordinariamente boa, é algo importante para nossa empresa agora?
- Todos os gestores podem ajudar ativamente os membros da equipe a encontrar novas oportunidades; a despedida pode ser muito boa.
- Os gestores que adotam essa abordagem mais fluida da avaliação de desempenho e da formação de equipes percebem claramente que é melhor para todos os envolvidos e melhor para o desempenho geral da equipe.

PERGUNTAS PARA REFLEXÃO

- Para você, qual seria o equivalente a oferecer a cada membro da equipe um feedback geral sobre seu desempenho a cada dez jogos?
- Faz sentido determinar a frequência do feedback com base nos prazos para atingir os objetivos da equipe, e não de acordo com um período de tempo definido? Isso pode significar, por exemplo, determinar o momento das discussões conforme os estágios de conclusão de um projeto.
- Em outras equipes, para quem você poderia pedir feedback a respeito do desempenho dos membros de seu time?
- Você é capaz de afirmar que todos os membros de sua equipe são apaixonados pelo que fazem, são ótimos nisso, e que você precisa do que eles fazem? Caso contrário, você poderia conversar com os que não atendem a essas condições e falar sobre outras oportunidades na empresa, ou sobre o cenário de oportunidades lá fora?
- Você constrói uma rede de gestores de outras empresas a quem poderia recomendar os membros que saem de sua equipe?
- Como você acompanha as mudanças nos negócios e no quadro de funcionários das empresas que podem oferecer boas oportunidades para os membros que deixam a sua equipe?

Conclusão

A cultura única, explicitamente articulada e atraente da Netflix ajudou nossos gestores e minha equipe a constantemente recrutar ótimas pessoas, mesmo diante de uma concorrência bastante feroz. Quando conversei sobre isso com minha antiga vice-presidente de RH, Jessica Neal, ela disse uma coisa muito boa sobre como deveria ser a cultura de uma empresa: "Cultura é a estratégia de como você trabalha. Se os funcionários acreditam que se trata de uma estratégia e que é algo importante, eles vão ajudá-lo a pensar nela profundamente e a experimentar coisas".

Jessica está no processo de adaptar a cultura da Netflix à startup em que trabalha e compartilhou comigo a maravilhosa visão que tem sobre isso: "Você não pode fazer tudo de uma vez; precisa escolher por onde começar, o que priorizar, assim como faz com o restante do negócio". Isso me faz recordar minha ideia de tratar a gestão de pessoas da mesma forma como tratamos a gestão de produtos. Na Netflix, nós dávamos um passo de cada vez. Testávamos.

Cometíamos alguns erros. Repensávamos e tentávamos de novo. Trabalhamos ativamente no desenvolvimento da cultura durante os 14 anos em que estive lá, e tenho certeza de que Reed e sua equipe não vão parar.

Agora que presto consultorias, o mais gratificante é conhecer a sede que tantos líderes organizacionais têm de uma nova maneira de trabalhar, desde startups de 20 pessoas até uma fundação sem fins lucrativos, passando por uma das mais antigas e respeitáveis empresas de relações públicas. Recentemente, dei uma palestra para um grupo de executivos da J. Walter Thompson. Essa empresa de mais de 150 anos tinha acabado de ganhar um prêmio por um anúncio televisivo da Coca-Cola. Nele, uma adolescente olha pela janela da cozinha para o rapaz sarado que cuida da piscina, enquanto seu irmão gay faz o mesmo da janela do quarto no andar de cima. Os dois correm para levar uma lata de Coca-Cola ao sujeito da piscina e descobrem que a mãe papa-anjos chegou primeiro. Descobri que esse anúncio foi feito pelo grupo argentino da empresa, uma unidade relativamente pequena e não muito estruturada que estava faminta e magra e se sentiu livre para inovar. A CEO, Tamara Ingram, que havia me convidado, quer garantir que a empresa continue promovendo esse tipo de atitude – correr riscos criativos. Um comentário que ela fez após a palestra reverbera minha esperança de compartilhar experiências na construção de uma cultura: "O caso que você relatou nos ajudou a ver que poderíamos fazer as coisas de maneira diferente".

O processo é evolutivo, e, assim como na evolução da natureza, algumas mudanças não serão adaptativas, então você terá que tentar de novo. Certas pessoas não vão gostar das mudanças; elas vão resistir, e talvez até decidam pedir demissão. Algumas das práticas que funcionaram tão bem na Netflix talvez não funcionem para você, pelo menos não de imediato. Eu constantemente ajudo fundadores e CEOs a planejar como podem começar a implementar a mudança da maneira que funcionar melhor para eles, para que possam criar sua própria versão de uma cultura de liberdade e responsabilidade.

Experimentar aos poucos e permitir variações nos temas é vital. Diferentes líderes de equipe podem adaptar as práticas de maneiras diferentes. As equipes – e departamentos inteiros – podem ter sua própria cultura, além de incorporar preceitos fundamentais comuns. Outra coisa que Jessica disse, e que adorei, foi que a cultura Netflix "vivia em toda a empresa". Por mais diferente que a cultura da engenharia fosse da cultura do marketing e dos criadores de conteúdo em Los Angeles, estávamos todos unidos em torno de nossos fundamentos.

Uma coisa que recomendo fortemente é garantir que seu pessoal de RH seja seu parceiro; você precisa enfatizar seu desejo de que sejam verdadeiros parceiros de construção do negócio. Quando o pessoal do RH é, acima de tudo, gente de negócios, o resto da equipe de gestão não estranha tê-los na sala durante uma reunião de equipe nem vê-los ensinando a gestores a melhor forma de entrevistar e dar feedback aos funcionários. Em vez de pensar que o RH está lá para punir maus comportamentos, os líderes de equipe devem se abrir para receber sugestões. Verifique se eles de fato sabem como sua empresa opera. Eles conhecem suas três principais fontes de receita? Sabem quem são seus quatro principais concorrentes? Conhecem a tecnologia que está prestes a tumultuar seu mercado? Informe-os. Se não quiserem saber, substitua essas pessoas.

Outro fundamento de uma mudança cultural bem-sucedida é a honestidade acerca dos desafios e da natureza do progresso ao longo do caminho. Em uma de nossas reuniões gerais, quando Reed estava respondendo a perguntas, alguém se levantou e disse: "Acho que é hora de abordar a cultura do medo". Estávamos enfrentando a enorme desaceleração da economia após o *boom* das pontocom. As pessoas esperavam demissões, e tínhamos sido totalmente claros quanto à possibilidade de isso acontecer. O homem que tinha se manifestado havia feito uma apresentação antes falando que não faríamos alterações pequenas no produto Netflix, e sim que escalaríamos montanhas, grandes montanhas. Reed aproveitou a metáfora. Disse que talvez um pouco de medo não seja tão ruim. Quando você está subindo uma montanha da magnitude do Monte Fuji ou da K2, precisa de oxigênio. É assustador. Mas se subir e uma tempestade surgir, você pode voltar ao acampamento, e ninguém dirá que você é um fracassado. Eu adorei isso, porque expressou muito bem que não apenas estávamos enfrentando um grande desafio – que implicaria contratempos –, como também vivíamos uma grande aventura.

Uma coisa que posso prometer sobre o processo de construção de sua própria cultura de liberdade e responsabilidade é que você vai se empolgar com a adesão das pessoas. Quando as pessoas sentem que têm mais poder, mais controle sobre suas carreiras, sentem mais confiança – confiança para falar mais, para correr mais riscos, para recompor-se quando algum erro for cometido e para assumir cada vez mais responsabilidades. Elas vão te surpreender. Imagine que você tenha uma empresa cheia de pessoas que sabem que têm poder. Pense nas escolhas melhores que farão, e de forma muito mais rápida. Pense em como elas o surpreenderão com ideias que você nem sequer pediu. Imagine como seria se você fosse muito mais honesto e aberto – você com elas e elas com você.

Lembre-se de que as pessoas *têm poder*. Não é obrigação sua dar poder a elas. Reconheça o poder das pessoas, liberte-as de políticas internas, aprovações e procedimentos inflexíveis e, pode acreditar, elas serão poderosas.

Notas

50 Segundo relatos, 78%: American Express, "Good Service Is Good Business: American Consumers Willing to Spend More with Companies That Get Service Right, According to American Express Survey", comunicado de imprensa, 3 maio 2011. Disponível em: <https://about.americanexpress.com/press-release/good-service-good-business-american-consumers-willing-spend-more-companies-get>.

50 são estimados em 62 bilhões de dólares por ano: NewVoiceMedia, "The $62 Billion Customer Service Scared Away", NewVoice Media.com, 24 maio 2016. Disponível em: <www.newvoicemedia.com/en-us/news/the-62-billion-customer-service-scared-away>.

50 as pesquisas também mostram que: Better Business Bureau, "Negative Reviews: A Golden Opportunity for Business", 14 set. 2014. Disponível em: <www.bbb.org/phoenix/news-events/business-tips/

2014/09/negative-reviews-a-golden-opportunity-for-business/>.

74 **Um estudo da Deloitte:** Mark J. Cotteleer e Timothy Murphy, "Ignoring Bad News: How Behavioral Factors Influence Us to Sugarcoat or Avoid Negative Messages" (whitepaper, Deloitte University Press, 2015). Disponível em: <https://dupress.deloitte.com/content/dam/dup-us-en/articles/business-communications-strategies/DUP_1214_IgnoringBadNews.pdf>, p. 10.

77 **Talvez seja por isso que:** Halley Bock, "Why Honesty Is the Secret Ingredient of Successful Organizations", Conference-Board.org, 14 jun. 2013. Disponível em: <www.conference-board.org/blog/post.cfm?post=1897>.

160 **Um interessante estudo:** Michael Mankins, "The Best Companies Don't Have More Stars – They Cluster Them Together", *Harvard Business Review*, 3 fev. 2017. Disponível em: <https://hbr.org/2017/02/the-best-companies-dont-have-more-stars-they-cluster-them-together>.

Agradecimentos

Se a Silicon Guild não tivesse criado uma alternativa inovadora à publicação tradicional de livros, este título nunca teria sido lançado. Peter Sims não apenas me convenceu de que eu tinha algo a dizer, como também foi prestativo e conversou comigo durante a redação dos primeiros capítulos, me encorajando e me apresentando a Emily Loose.

Emily foi minha editora e muito mais: juntas, transformamos minhas palavras e histórias na mensagem que eu precisava transmitir. Literalmente, eu não teria um livro sem você.

Piotr Juszkiewicz, meu *publisher*: seu encorajamento firme e constante, suas reclamações, sua honestidade e sua amizade fizeram este livro existir.

Agradeço também a Hilary Roberts pela fabulosa revisão e a Loraine Perez por ajudar a manter minha vida organizada.

Várias pessoas reservaram um tempo para revisar os primeiros rascunhos do livro. Deixo um agradecimento especial a Tom Rath, por suas valiosas informações e ideias, e também a David Martin, Ted Swann, Larry Dlugosh, Ori Brafman, Laura Mion, LeeAnn Mallorie, Maria De Guzman, Charles Dimmler, Gabrielle Toledano, Nathan Vogt, Eric Kettunen, Keith Arsenault, Frank Fritsch, Aileen Garcia, Jessica Krakoski, Matthew Rosebaugh, Barbara Henricks, Yongwei Yang e Dennis Doerfl.

Graças a minha amizade de décadas com Reed Hastings, aprendi a questionar tudo e a pensar de forma inovadora. A Netflix foi o melhor laboratório para isso. Deixo um agradecimento especial a todos os funcionários da Netflix, do passado e do presente, por seu foco constante na cultura da empresa, pela colaboração e por me deixarem compartilhar algumas de suas histórias.

Minha mãe e minha irmã são modelos constantes de mulheres poderosas. Meus filhos, Tristan, Franny e Rose, me inspiraram a influenciar o futuro do trabalho para eles.

Por fim, Michael Chamberlain, obrigada por acreditar em mim.